DIE WELT DES

HONIGs

SIMONE HOFFMANN

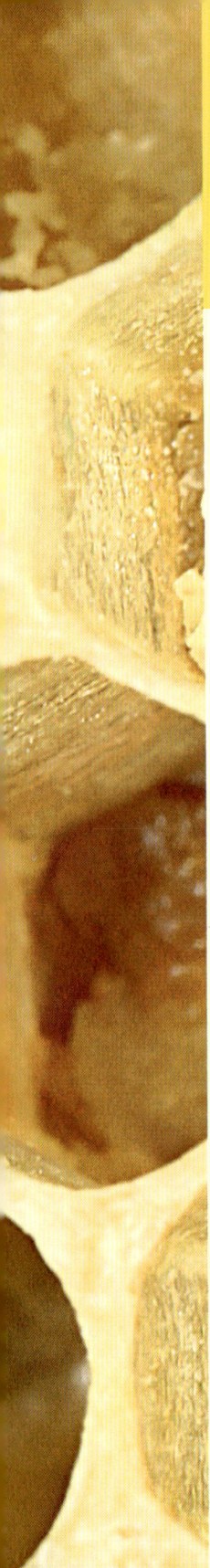

INHALT

VORWORT

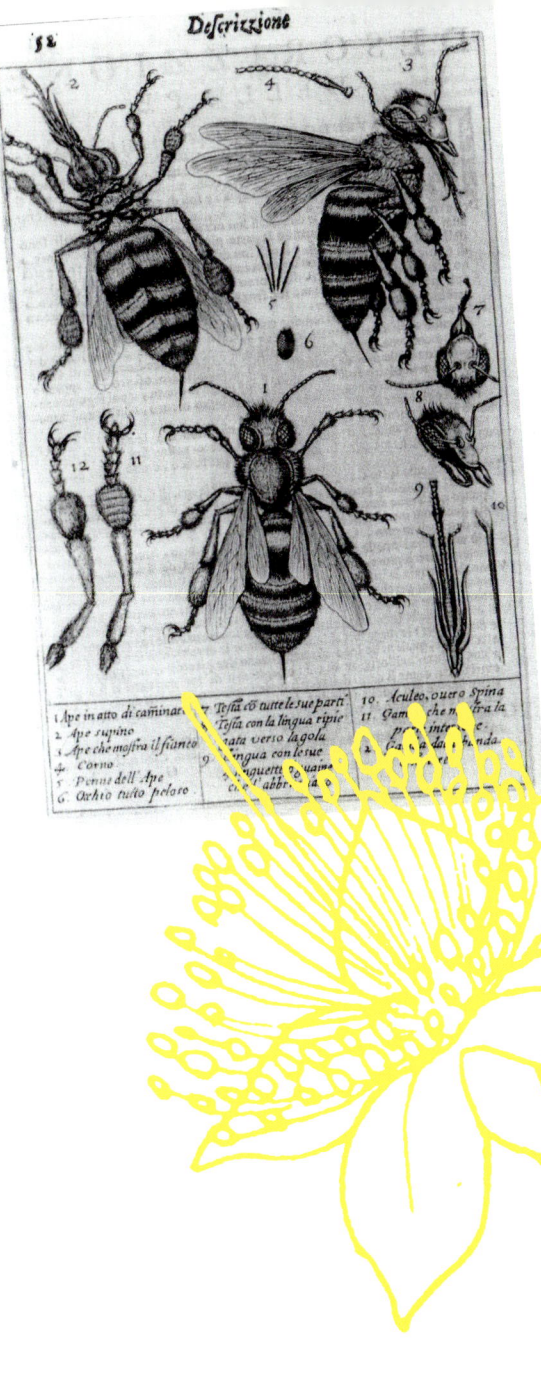

Hören, Sehen, Tasten – dass der Mensch diese Sinne schon immer zum Überleben brauchte, leuchtet ein. Aber wozu schmecken wir eigentlich? Einfach nur, weil es Spaß macht? Das allein wäre sicher schon Grund genug, aber auch Geruchs- und Geschmackssinn halfen den ersten Menschen, sich in der Wildnis zu behaupten. Denn Bitteres ist häufig giftig, während essbare Pflanzen und Früchte in vielen Fällen angenehm riechen. Geschmacks- und Geruchssinn sind also natürliche Auswahlsysteme und sagen uns in vielen Fällen, welche Speisen gut für uns sind und welche nicht. Wenn wir diese Sinne trainieren, erhalten wir uns die Fähigkeit zur Unterscheidung.

Der süße Geschmack flößt uns seit Urzeiten Vertrauen ein, denn er verheißt gute Inhaltsstoffe. Natürlicher Zucker – ob aus Früchten oder Wurzeln gewonnen – ist für den menschlichen Körper eine Quelle der Energie. Nur den Nektar der Blüten konnten wir uns nie ohne Hilfe erschließen – allein die Bienen wissen wie es geht. Bienen waren für viele Völker von jeher das Symbol eines erfüllten Lebens. Nomaden folgten Bienenvölkern, denn wo diese sich niederließen, fand auch der Mensch eine reiche, lebenswerte Natur.

Heute sind es noch immer die Bienen, die unsere Ernährung sichern. Und das nicht nur durch den Honig. Die kleinen Helfer übernehmen zu rund 80 Prozent die Bestäubung unserer Nutzpflanzen. Und natürlich erzeugen sie köstlichen Honig – ob goldgelb, sämig-weiß oder bernsteinfarben. Wie erkennt man am Honig, welche Blüten angeflogen wurden? Wie schmecken Kirschblüten, Ahorn oder Raps? Als Naturprodukt ist jeder Honig ein bisschen anders. Die Aromenvielfalt ist mit der von Wein vergleichbar.

Meine Liebe zum Honig wurde in der Bretagne geweckt, wo ich viele Monate meiner Kindheit verbracht habe. Ein französisches Bauernbrot mit gesalzener Butter, vermengt mit einer Schicht Sommerblütenhonig, ist für mich eine Facette des Glücks. Für dieses Buch kamen viele neue Genüsse hinzu, deren Geheimnisse ich mit den Lesern teilen möchte.

Simone Hoffmann

Geschichte des Honigs

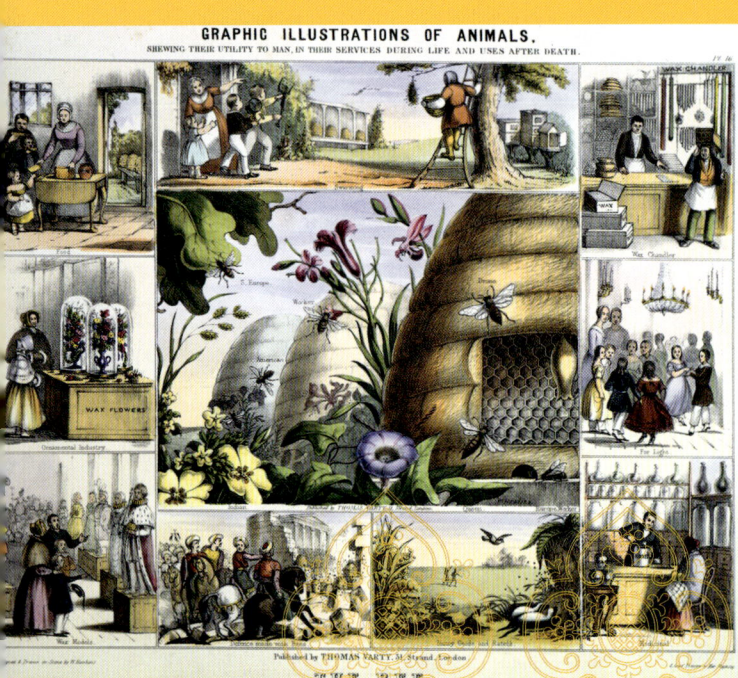

Seit es Menschen gibt, gibt es auch Honig. Überall auf der Welt leben verschiedene Bienenarten, die sich ihrer Umwelt perfekt angepasst haben und einen unermesslichen Beitrag zur Bestäubung der Vegetation leisten. Kein Wunder, dass Bienen allerorts und zu jeder Zeit verehrt wurden: als Sinnbild der Fruchtbarkeit, des Lebens oder als Herrschaftssymbol der Könige. Bienen brachten, so glaubte man, auch Weisheit und Beredsamkeit. Honig galt als Geschenk der Götter, Quelle der Unsterblichkeit und Wort Gottes. Er war Zahlungsmittel und Medizin. Vor allem aber brachte er Süße ins Leben, denn bevor man im 19. Jahrhundert Rübenzucker gewinnen konnte, kannte man in Mitteleuropa als Süßungsmittel nur den unbezahlbaren Rohrzucker und Honig. Das Naturprodukt Honig verschönerte den Menschen durch seine köstliche Aromenvielfalt den Alltag. Die Bienen, so glaubte man in vielen Religionen, kamen einst aus dem Zentrum der Erde, um den Menschen mit Honig ihr Lebenselixier zu bringen. Auch für die großen Weltreligionen ist Honig der Inbegriff irdischer und göttlicher Wonnen. Wohin man auch schaut: Das Paradies ist immer dort, wo Milch und Honig fließen.

Süße der Vorfahren

Honig ist das älteste Süßungsmittel der Welt. Bienen gibt es, weit verbreitet über unsere Erde, schon seit über 50 Millionen Jahren. So alt sind fossile, in Bernstein eingeschlossene Honigbienen, wie sie sowohl an der Ostsee als auch in Südostasien gefunden wurden.

Seit der Steinzeit nutzen die Menschen den Honig. Eine beeindruckende Felszeichnung in Ostspanien, die 12 000 bis 9000 v. Chr. in der Höhle von Cuevas de Araña bei Bicorp, Valencia, entstanden ist, zeigt einen Menschen, der wilden Honig sammelt und dazu ein Nest in schwindelnder Höhe erklettern muss. Die Auswölbung am Kopf, die man auf der Zeichnung erkennen kann, wurde in der Literatur mehrfach als Haarpracht einer Frau gedeutet. Wahrscheinlicher ist jedoch, dass ein Sammler unbestimmten Geschlechts sich einen Sack über den Kopf gestülpt hatte, um sich vor Bienenstichen zu schützen, wie es auch heute noch vielerorts üblich ist.

Unter großen Gefahren wurde das süße Lebenselixier aus Wildbienenstöcken entwendet, die schwer zugänglich und gut verteidigt auf Bäumen, in Höhlen oder Felsspalten zu finden waren. Außer für den eigenen Verzehr wurde Honig auch als wirksamer Köder in der Bärenjagd eingesetzt.

Dem mühsamen Sammeln von wildem Honig setzte erst die gezielte Haltung von Bienen als »Haustiere« ein Ende. Ein wichtiger Schritt auf dem Weg dorthin war die Entdeckung, dass man Honig mithilfe von Rauch ernten konnte, ohne sich selbst oder den Bienen dabei zu schaden. Bei dieser Technik, die noch heute manchmal von Imkern angewandt wird, bläst man Rauch in den Bienenstock, der den Tieren einen nahenden Waldbrand vortäuscht. Sie machen sich bereit ihr Nest zu verlassen und füllen dazu ihre Honigblase reichlich mit dem wertvollen süßen Stoff. Wenn der Waldbrand dann doch nicht kommt, sind sie zu satt und träge, um zu stechen. Der Mensch kann unbehelligt Honig ernten. Bei dieser Technik wird der Honigraum der Bienenbehausung ausgespart, weil sich der Rauchgeruch sonst auf den Honig übertragen würde.

Als die Menschen sesshaft wurden, integrierten sie auch Bienenvölker in ihre Siedlungen. Erste Zeugnisse für die Hausbienenhaltung werden auf 7000 v. Chr. datiert. So lassen Ausgrabungen in der steinzeitlichen Siedlung Çatalhöyük in Anatolien darauf schließen, dass es dort bereits eine systematische Bienenhaltung gab.

»Singet leise, leise, leise,

singt ein flüsternd Wiegenlied,

von dem Monde lernt die Weise,

der so still am Himmel zieht.

Singt ein Lied so süß gelinde,

wie die Quellen auf den Kieseln,

wie die Bienen um die Linde

summen, murmeln, flüstern, rieseln.«

CLEMENS BRENTANO

Symbol der Fruchtbarkeit

Nordamerikanische Indianer hielten Bienen in hohlen Baumröhren. In ihren Legenden wird deutlich, wie sehr sie Bienen und Honig verehrten. So erzählt ein indianischer Schöpfungsmythos: In einer fruchtbaren, paradiesischen Welt im Inneren der Erde lebte das erste Bienenvolk. Als ein indianischer Held auf göttliche Weisung hin bis zum Mittelpunkt der Erde vordrang, gelang es ihm, den Honig zu den Menschen zu bringen. In diesem Augenblick begann für diese eine glückliche Zeit.

Honig war das Symbol der Fruchtbarkeit. Wo Bienen sich niederließen, war die Vegetation fruchtbar. Der Verlust der Bienen galt bei den Indianern als großes Unglück und als Anzeichen dafür, dass es bald auch den Menschen schlecht gehen würde. Eine weise Vorsehung, weiß man doch heute, dass die Bienen nur in intakten Ökosystemen überleben und so ein aus den Fugen geratenes biologisches Gleichgewicht frühzeitig anzeigen.

Auf ihren Ausflügen wurden die Bienen nach indianischem Glauben von Bienengöttern geleitet, die zugleich Hüter von Raum, Zeit und Universum waren. Schwärmten die Bienen aus, so sagten die Indianer, dass die kleinen Tiere sich nach der Erde, aus der sie gekommen seien, sehnten und sich mit

»*Rasch im Fluge die Freud´umarmen, leise nur den Mund ihr berühren, wie die Biene Nektarblumen berührt, o Freund, versetzt uns unter die Götter.*«

FRIEDRICH VON MATTHISSON

dieser verbinden wollten. Tatsächlich nehmen Bienen über den Nektar den Geschmack der Landschaft in sich auf. Im Honig schmeckt man das »Terroir«, wie man es vom Wein kennt. Insofern »verbinden« sich die Bienen tatsächlich mit der Erde.

Für einige Indianerstämme war der Honig so heilig, dass er nur bei rituellen Handlungen eingesetzt werden durfte. Honig zu verkaufen ist bei manchen Stämmen bis heute verboten oder verpönt. Als Gabe der Götter und der Erde darf er nur verschenkt oder getauscht werden.

Auch die nordische Mythologie erzählt von Bienen, die dem Innersten der Erde entsprungen sind. So glaubten die nordischen Völker an einen riesenhaften, immergrünen Lebensbaum, die heilige Weltesche Yggdrasil. Der Baum überschattet alle neun Welten, umfasst mit seinen Ästen die Erde und berührt den Himmel. Im Stamm der Weltesche lebte das erste Bienenvolk. Auch die ersten Menschen wurden aus dem Stamm dieses Baumes geboren.

An einer der drei Wurzeln der Weltesche Yggdrasil entspringt die Quelle der Urd, aus der drei Schicksalsgöttinnen, die für Vergangenheit, Gegenwart und Zukunft stehen, Lebenswasser schöpfen. Sie benetzten damit die Blätter der Weltesche, von denen das Wasser als Honigtau zurück auf die Erde tropft, der die Bienen nährt. Honig ist also auch in der nordischen Mythologie ein Symbol für die Fruchtbarkeit der Erde.

An einer anderen Wurzel des Lebensbaums Yggdrasil entspringt die Quelle Mimirs. Der Riese Mimir bewacht sie, denn in ihrem Wasser sind Wissen und Weisheit verborgen. Nur wer ein Opfer bringt, darf aus ihr trinken. Der germanische Göttervater Odin verzichtete zum Pfand für einen Schluck aus der Quelle Mimirs auf eines seiner Augen. Dadurch erlangte er Weisheit und die Fähigkeit des Hellsehens. Dem Honig, der bei den Germanen als Speise der Götter galt, verdankt Odin Kraft und Unsterblichkeit.

Honig war bei den Germanen so wertvoll, dass man einen Teil seiner Steuern als Honigzins begleichen konnte. Auch der Honigwein Met war sehr beliebt und durfte auf keinem Fest fehlen. Das Imkereiwissen der Germanen war allerdings unvollständig und teilweise falsch. So nahm man etwa von der Bienenkönigin wegen ihrer Größe an, dass sie die einzige männliche Biene im Stock sei. Bis heute wird die Bienenkönigin »Weisel« genannt, was eigentlich »König« bedeutet.

Aus dem Indogermanischen leitet sich auch das deutsche Wort »Honig« ab, das »der Goldfarbene« bedeutet.

> *»Wenn du den Pfeil der Wahrheit abschießt, tauch vorher seine Spitze in Honig.«*
>
> ARABISCHES SPRICHWORT

Quelle der Unsterblichkeit

Im alten Ägypten galt Honig als Speise und Geschenk der Götter, war Herrschaftssymbol der Pharaonen, Zahlungsmittel und Medizin. Anhand von Fundstücken, Wandzeichnungen und Schriften lässt sich nachweisen, dass die Ägypter schon 3200 v. Chr. über hoch entwickelte Methoden der Bienenhaltung verfügten.

Anders als in Europa, wo man den stärkenden Honig samt Wabe verzehrte, waren die Ägypter bereits in der Lage, das begehrte Süßungsmittel vom Wachs zu trennen. Dabei erhielten sie Wachs als wertvolles Nebenprodukt. Sie verarbeiteten ihn zum Beispiel zu Wachstafeln, in die sich Schriftzeichen viel einfacher einkerben ließen als in Stein. Oder sie verwendeten das Wachs in der Malerei: »Enkaustik« heißt diese Technik, die in der jüngeren Gegenwart wieder neu entdeckt wurde. Dabei wird Wachs mit Farbe vermengt, wodurch die Farben leuchtender wirken und besonders lange erhalten bleiben. Davon zeugen auch lebensechte Mumienporträts aus dem 1. Jahrhundert, die in der ägyptisch-griechischen Grabstätte der antiken Stadt Philadelphia gefunden wurden.

Den Ägyptern war der hohe landwirtschaftliche Nutzen der Bienen bekannt. Der Ertrag der Obstbauern stieg, wenn Bienenvölker in der Nähe der Plantage angesiedelt waren. Es entwickelte sich die Idee der Wanderimkerei, die noch heute auf dem Nil betrieben wird: Mit Schiffen werden die Bienen im Frühjahr zur Bestäubung der Nutzpflanzen des ganzen Landes vom stärker bewirtschafteten Unterägypten in die von Wüste umgebenen Kulturlandschaften Oberägyptens gebracht. Als Bienenbehausung dienen heute wie zu früheren Zeiten aufeinandergestapelte Tonröhren.

Die Biene, als Mittlerin zwischen Göttern und Menschen, galt als heilig und machtvoll. Ein ägyptischer Schöpfungsmythos erzählt, wie die Tränen, die der Sonnengott Re weinte, zu Bienen wurden. Sie schufen die gesamte Vegetation der Erde, durch die die Honigernte erst möglich wurde: »Tränen flossen aus seinen Augen zur Erde. Sie verwandelten sich in Bienen. Durch das Werk der Bienen entstanden Blumen und Bäume. Das ist der Ursprung des Wachses und des Honigs aus den Tränen des Gottes Re.«

Honig war im alten Ägypten begehrt und kostbar. Im Jahre 3000 v. Chr. entsprach der Wert eines Topfes Honig dem Preis eines Esels. So wurde der Honig sogar zum Zahlungsmittel:

Beamten zahlte man Mitte des 13. Jahrhunderts v. Chr. einen Teil ihres Gehaltes in Honig aus.

Göttergleich und machtvoll wollten sich die Pharaonen darstellen. Wie wäre das besser möglich gewesen, als sich die Biene zum Symbol zu wählen? Als Königshieroglyphe wurde die Biene zu einem der wichtigsten Schriftzeichen überhaupt. Das Symbol der Bienenkönigin stand in der Hieroglyphenschrift für »Herrschaft«. Auch das Wappentier der ägyptischen Königin Hatschepsut, die von 1479 bis 1458 v. Chr. regierte, war eine Biene.

Das heilige Luxusprodukt war eine so hoch geschätzte Opfergabe an die Götter, dass Tempelpriester sich Bienenvölker in der Nähe der Heiligtümer hielten. Den Pharaonen diente Honig als Grabbeigabe, als Proviant für ihre Reise ins Jenseits. Einige Honiggefäße, die in Pharaonengräbern gefunden wurden, waren luftdicht mit Wachs verschlossen. Die Forscher, die ihn fanden, stellten fest, dass der Honig in diesen Gefäßen auch nach Jahrtausenden noch genießbar war.

18

> *»Wer seinen Wohlstand vermehren möchte, der sollte sich an den Bienen ein Beispiel nehmen. Sie sammeln den Honig, ohne die Blumen zu zerstören. Sie sind sogar nützlich für die Blumen. Sammle deinen Reichtum, ohne seine Quellen zu zerstören, dann wird er beständig zunehmen.«*

SIDDHARTHA GAUTAMA

Geschenk der Götter

In Asien, Arabien und im Mittelmeerraum war Honig schon früh als Heilmittel bekannt. Im Irak wurden Tontafeln mit Rezepten für heilkräftigende Honigsalben gefunden, die auf 2000 v. Chr. datiert wurden. Auch in China galt er als heilsamer Nektar.

Gott Vishnu, der »Alldurchdringende«, gilt im Hinduismus als Erhalter der kosmischen und menschlichen Ordnung. In einer seiner Inkarnationen wird er als blaue Biene dargestellt. In einer heiligen Schrift Indiens, der 1700 bis 1200 v. Chr. entstandenen hinduistischen Rigveda, werden die Wonnen des Honigs beschworen. Noch heute gehört ein Trank aus Honig und Joghurt zu den Glück verheißenden Ritualen einer indischen Hochzeit. Er wird dem Bräutigam zur Begrüßung gereicht, wenn er das Haus der Braut betritt.

Der hinduistische Liebesgott Kamadeva, Personifikation des Kama, das für weltlichen Genuss und Verlangen steht, ist ein schöner Jüngling, den immer eine sanfte Brise umweht. Kamadeva trägt Pfeil und Bogen. Mit ihnen schießt er, wie der griechische Liebesgott Eros oder der römische Amor, auf die Liebenden. Kamadevas Bogen ist jedoch aus Zuckerrohr und der Pfeil besteht aus einer Kette von Bienen. Die von diesem Pfeil Getroffenen, erleiden süße Schmerzen.

Auch im antiken Griechenland glaubte man, dass Bienen die Boten der Götter seien. Als »Vögel der Musen« brachten sie den Honig in die Welt, der den Menschen Weisheit und Beredsamkeit schenkte.

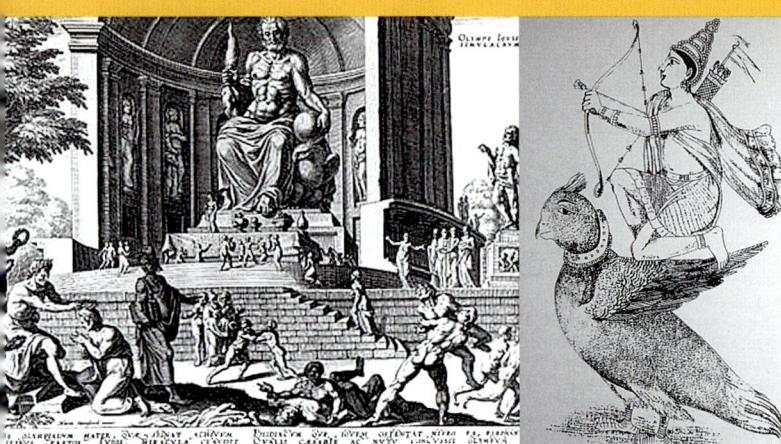

Zeus

Zeus, der mächtigste der olympischen Götter, wurde als Kleinkind mit Honig genährt. In der griechischen Mythologie heißt es, dass die Muttergöttin Rhea ihren Sohn Zeus in einer Höhle auf der Insel Kreta vor seinem Vater Kronos versteckte. Dieser verschlang alle seine Kinder gleich nach der Geburt, weil er fürchtete, sie könnten ihn entmachten. In der Höhle, in die der junge Zeus gebracht wurde, lebten Nymphen, die ihn mit Ziegenmilch und Honig pflegten. Immer wieder waren es Nymphen, weibliche Naturgottheiten, die das Geheimnis der Bienen und des Honigs bewahrten und lehrten. So auch die Nymphe Melissa, deren Name »Biene« oder »Honigsüße« bedeutet.

Auch Zeus' Sohn Dionysos, der griechische Gott des Weines, der Freude und der Fruchtbarkeit, wurde in einer Höhle mit Nymphen in Sicherheit gebracht. Die Göttin Hera trachtete ihm nach dem Leben. So wurde auch er als Kind mit Honig genährt.

Der eigentliche Begründer der Imkerei in der griechischen Mythologie war jedoch Aristaios, der Sohn des Gottes Apollon und der Nymphe Kyrene. Aristaios brachte den Menschen vieles bei, was sie für ihre Ernährung brauchten: das Jagen, das Bestellen der Felder, die Nutzung des Olivenbaums und natürlich die Bienenzucht.

Wie eng Honig als Geschenk der Götter mit dem Glauben verbunden war, wird auch daraus deutlich, dass die Priesterinnen des Orakels von Delphi und des Demeterheiligtums in Eleusis bei Athen als »Bienen« bezeichnet wurden. Wie die Bienen waren sie Dienerinnen der Götter. Der Hohepriester wurde »Bienenweiser« genannt. Als Opfergabe brachte man den Göttern Honig dar – allen voran Demeter, der Göttin der Fruchtbarkeit der Erde. Auch Homer bezeichnet Honig in seinen Dichtungen als »liebliche Speise der Götter«.

Die alten Griechen wussten: Honig spendet Stärke, Gesundheit und Schönheit. Hippokrates, der wohl berühmteste Arzt der Antike, verordnete Honig gegen Fieber, Verletzungen und Geschwüre. Gegen Angina riet er, eine wärmende Wachsschicht auf den Hals aufzutragen. Die olympischen Athleten tranken Honigwasser zur Kräftigung.

Dem Philosophen Platon sagte man nach, er sei in seiner Kindheit von Bienen genährt worden. Dies war im übertragenen Sinne gemeint, denn die Biene symbolisierte den göttlichen Funken, die Genialität, die großen Persönlichkeiten, die von Gott gegeben waren. Der römische Gelehrte Plinius schreibt in seiner Begeisterung über Platons Schriften, in seiner Kindheit hätten sich Bienen auf Platons Mund gesetzt. Diese Bienen, so Plinius »kündigten die Milde seiner verzaubernden Redegewandtheit an.«

Auch Aristoteles war von den Bienen fasziniert. Der auf vielen wissenschaftlichen Gebieten bewanderte Philosoph beschäftigte sich in seinen biologischen Untersuchungen und seiner Naturphilosophie mit Bienen und Honig. Er sezierte tote Bienen, um ihren Körper zu studieren und untersuchte den Aufbau des Bienenstocks mit seinen Waben. In seinen politischen Lehren führt Aristoteles die Staatenbildung der Bienen vergleichend an.

Aristaios

Hippogrates

23

Paradiesischer Honig

Im antiken Rom zählte das Wissen um die Bienenzucht längst zur Allgemeinbildung. Im Haushalt eines wohlhabenden Römers war mindestens ein Sklave für die Betreuung des Bienenhauses zuständig. »Apiarius« nannte man im alten Rom den hoch angesehenen Beruf des Bienenpflegers. »Apis« ist noch heute die wissenschaftliche Bezeichnung für die Honigbiene.

Der Dichter Vergil pries den Honig und die Bienen in seinem Werk. Der Honig sei das himmlische Geschenk des Taus und auf die Bienen sei ein Teil der göttlichen Intelligenz übergegangen, schrieb er. Aus Vergils Aufzeichnungen geht auch hervor, wie Honig in der römischen Küche eingesetzt worden ist. Früchte, Fleisch und Fisch wurden in Honig konserviert, zu sauer geratener Wein damit nachgesüßt und Salatdressing damit gewürzt.

Bei Marcus Gavius Apicius, einem römischen Feinschmecker, der im 1. Jahrhundert n. Chr. unter dem Titel »De re coquinaria« (»Über die Kochkunst«) das älteste erhaltene Kochbuch der Welt verfasste, taucht Honig als Zutat vieler Rezepte auf. So schlägt er vor, Pökelfleisch in einer Marinade aus Essig, Senf und Honig aufzubewahren und freut sich über den köstlichen Einfall: »Wenn du es gebrauchst, wirst du dich wundern!« Mit Honig würzte Apicius auch Wildsaucen oder legte Rüben, Feigen, Äpfel und Birnen darin ein – vielleicht ein Vorläuferrezept der typisch italienischen Senffrüchte, die süß-scharf eingelegt sind.

Der römische Gelehrte Plinius der Ältere, von dem auch der Ausspruch »Im Wein liegt die Wahrheit« stammt, schwor auf die lebensverlängernde und gesundheitsfördernde Wirkung des Honigs. Er beschreibt in seiner umfassenden Naturgeschichte »Naturalis historia«, für die er das naturkundliche Wissen seiner Zeit aus rund 2000 Büchern zusammengetragen hat, den Honig als universelles Heilmittel.

Auch im Alten Testament der Bibel wird Honig immer wieder erwähnt. Die bekannteste Stelle ist wohl die aus dem zweiten Buch Mose, als Moses mit den Israeliten aus Ägypten auszieht in »ein Land, in dem Milch und Honig fließen.« Im jüdischen Glauben ist Honig noch heute das Symbol für das gelobte Land und Wohlergehen.

Im Koran, der heiligen Schrift der Moslems, wird Honig ebenfalls eine hohe Bedeutung zugeschrieben. »Honig ist die erste Wohltat, die Gott den Menschen erwiesen hat«, heißt es in den Reden und Visionen Mohammeds. Honig fließt auch im Paradies, das der Koran beschreibt: »So ist die Lage des Paradieses, das den Gottesfürchtigen verheißen wurde: Darin sind Bäche von Wasser, das nicht faulig wird, und Bäche von Milch, deren Geschmack sich nicht ändert, und Bäche von berauschendem Getränk – ein Genuss für die Trinkenden – und Bäche von geläutertem Honig. Und darin werden sie Früchte aller Art bekommen und Vergebung vor ihrem Herrn.«

Gläubigen Moslems ist es verboten, Wein zu trinken, denn Mohammed untersagte ihn seinen Jüngern. Als Alternative empfahl er ihnen den Honig: »Iss Honig, mein Sohn, denn er ist gut nicht nur zum Essen, sondern auch ein sehr nützliches Mittel gegen mancherlei Krankheiten.« So wurde Honig ein weiteres Mal zum Inbegriff paradiesischer Wonnen.

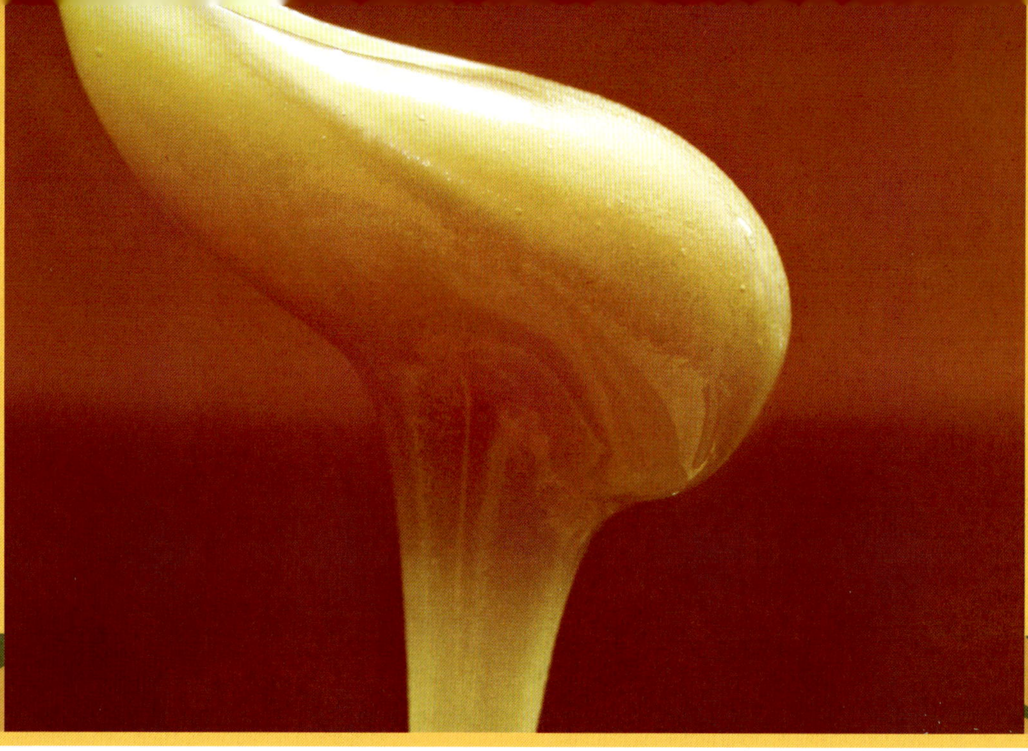

Honig als Gottes Wort

Auch für das Christentum waren Bienen und Honig starke Symbolträger. Da man in der Antike glaubte, dass Honigbienen ihren Nachwuchs nicht zeugten, sondern von Blüten sammelten, wurde die Biene in der christlichen Welt zum Sinnbild der Jungfräulichkeit. Vom Spätmittelalter bis in die Renaissance tauchen so in der Malerei immer wieder Darstellungen der Jungfrau Maria auf, die von Bienenkörben umgeben war.

Als »heilige Biene« wurde die Jungfrau Maria bezeichnet, aber auch als die »Eingeweihte«. Wie passten jedoch Enthaltsamkeit und Erkenntnis in der alten christlichen Lehre zusammen? War nicht das Kosten vom Baum der Erkenntnis der Grund für die Vertreibung aus dem Paradies? Bemerkenswert ist, dass der Begriff »keusch« sich vom mittelhochdeutschen »kiusche« ableitet, das vom althochdeutschen Wort »kuski« abstammt. Dieses geht zurück auf das lateinische Wort »conscius«, das mit »mitwissend, bewusst, eingeweiht« übersetzt werden kann. Keuschheit beinhaltete

ursprünglich also nicht nur tugendhafte Enthaltsamkeit, sondern auch göttliche Erkenntnis und Beseeltheit. Oder anders gesagt: Der göttliche Funke sprang auf Maria über.

Der christliche Kirchenlehrer und Philosoph Aurelius Augustinus wusste, dass große Weisheit die Seele so sehr erfüllen kann, dass sie Körperlichkeit überflüssig macht. Er wollte jedoch noch etwas warten, bis er diese Erkenntnis umsetzte: »Herr, gib mir Keuschheit – aber gib sie mir nicht gleich«, bat er. Honig ist in Augustinus´ Schriften ein Symbol für Gottes Weisheit, Zärtlichkeit und Güte. So führt er als Gleichnis an: »Stell dir vor, Gott will dich mit Honig anfüllen. Wenn du aber ganz mit Essig angefüllt bist, wohin willst du dann den Honig tun?«

Honig steht in der christlichen Tradition für Gottes Wort und die Wahrheit. Die Biene, die sich vom Honig nährt, verkörpert den gläubigen Christen, der das Wort Gottes in sich aufnimmt. Bienenwachs symbolisiert den Leib Christi, denn die Bienenwabe trägt den Honig in sich, wie Christus Gottes Wort. Daher wird in der Osternacht die Osterkerze entzün-

»Nichts gleicht der Seele so sehr wie die Biene, sie fliegt von Blüte zu Blüte wie die Seele von Stern zu Stern und bringt den Honig heim wie die Seele das Licht.«

VICTOR HUGO

det: Die Wachskerze steht für den Leib Christi, der vergeht und das Licht des Glaubens spendet.

Mit einem Osterlobgesang ehrte auch Kirchenvater Ambrosius von Mailand, der 340 bis 397 n. Chr. lebte, die Bienen: »Die Biene überragt alle anderen Tiere, die dem Menschen unterworfen sind. Obwohl sie klein von Körper ist, trägt sie gewaltigen Geist in ihrer engen Brust. Schwach ist sie an Kraft, aber stark durch ihre Erfindungskunst (…)«, heißt es darin. Der heilige Ambrosius, der zu Lebzeiten Bischof in Mailand war, ist der Schutzpatron der Imker, Wachszieher und Bienen. Auf Gemälden ist der Bienenkorb eines seiner Attribute. Die Legende sagt, dass sich ein Bienenschwarm auf Ambrosius´ Gesicht niederließ, als dieser noch ein Kind war. Die Bienen krochen in seinen Mund und nährten ihn mit Honig. Dieses Ereignis galt als Zeichen göttlicher Erweckung.

Die einfache Bevölkerung glaubte so sehr daran, dass vom Bienenwachs eine göttliche Kraft ausgeht, dass Opfergaben aus Wachs geformt wurden. Noch heute kann man in Kapellen von Wallfahrtsorten Votive aus Wachs finden: Um die Bitte an Gott zu bekräftigen oder als Dank für die Heilung, werden aus Wachs gegossene oder von Hand geformte Körperteile wie Arme und Beine in der Kirche hinterlassen. Auch kleine Püppchen, die Babys ähneln, werden dargebracht. Sie gelten als Dank für den Kindersegen oder als Bitte darum.

Als sich Martin Luther im 16. Jahrhundert gegen den Ablasshandel aussprach, war der Bedarf an kultischem Material auf seinem Höhepunkt angekommen. Dazu gehörten nicht nur Ablassbriefe, sondern auch Amulette und Votive aus Bienenwachs. Während 1 Pfund Fleisch für 4 Pfennige über den Ladentisch ging, kostete 1 Pfund Wachs 40 Pfennige. In der Schlosskirche Wittenberg wurden jährlich allein 18 000 Kilogramm Wachskerzen verbrannt.

Bienen waren aber nicht nur Sinnbild des Glaubens; sie blieben weiterhin auch Symbol der Macht, so wie sie es auch schon für die alten Ägypter waren. Der disziplinierte, fleißige Bienenstaat, an dessen Spitze die Königin stand, inspirierte viele Herrscher die Biene zu ihrem Wappentier zu

Karl der Große

Chlodwig I.

Napoleon

erheben. So schmückten 300 goldene Bienen das Grab des fränkischen Königs Chlodwig I, der 466 bis 511 n. Chr. lebte.

Auch Karl der Große war ein großer Bienenfreund: Zu Beginn des 9. Jahrhunderts erließ er mehrere Gesetze zum Schutz der Imkerei und befahl, dass jeder Gutshof einen eigenen Imker und einen Metbauern beschäftigen musste, der den Honigwein Met erzeugte. Sein Engagement war allerdings nicht ganz selbstlos: Ein Teil der Steuer musste als Honig und Met an den kaiserlichen Hof abgegeben werden.

Derjenige, der die Bienen als kaiserliches Wappentier am stärksten verbreitete, war Napoléon Bonaparte. Überall ließ er Bienenmotive aufbringen: auf seinen Krönungsmantel, auf Teppiche und Vorhänge. Natürlich war die Biene auch sein Wappentier. Einigen Städten, die er entsprechend napoleonischem Wappenrecht zu Städten »erster Ordnung« erklärte, verlieh der Kaiser ein rotes Schildhaupt mit drei Bienen für ihr Wappen. Zu diesen »bonnes villes«, den »guten Städten«, gehörte auch die Stadt Mainz, die die Bienen über ihrem Mainzer Rad im Wappen trug.

Aus dem hohen Bedarf an Honig und Wachs entwickelte sich auch einer Zunft: Während des gesamten Mittelalters bis ins 17. Jahrhundert hinein gab es den Berufsstand des Zeidlers. Er unterschied sich vom heutigen Imker dadurch, dass die Bienen nicht in extra für sie gebauten Behausungen gehalten wurden. Der altdeutsche Begriff »Zeideln« bedeutet »Honig schneiden«. Denn der Zeidler sammelte den Honig wilder Bienenvölker, indem er die Waben mit dem Honig aus dem Stock schnitt. Als sich im Spätmittelalter das Wissen über die Bienenhaltung weiter verbreitete, stellten die Zeidler den Bienen auch ausgehöhlte Baumstämme als Behausung zur Verfügung.

Honig blieb bis ins 19. Jahrhundert hinein das wichtigste Süßungsmittel Mitteleuropas. Zwar war auch Zucker seit dem Spätmittelalter in Europa bekannt, blieb jedoch lange Zeit ein teures Luxusprodukt, das nur dem Adel vorbehalten war. Der Grund für den horrenden Preis des Zuckers war, dass er ausschließlich aus dem exotischen, importierten Zuckerrohr gewonnen werden konnte. Erst im 18. Jahrhundert, als es gelang, Zucker auch aus heimischen Zuckerrüben herzustellen, machte das feine weiße Pulver dem Honig den Rang streitig.

Durch die Industrialisierung im 19. Jahrhundert wuchs die Zuckerindustrie stark an, Zucker wurde unschlagbar billig und verdrängte das Naturprodukt Honig fast vollständig. Seit einigen Jahrzehnten findet jedoch ein Umdenken bei den Verbrauchern statt, die den Honig wegen seiner wertvollen Inhaltsstoffe wieder zu schätzen wissen.

Dufte Bienen

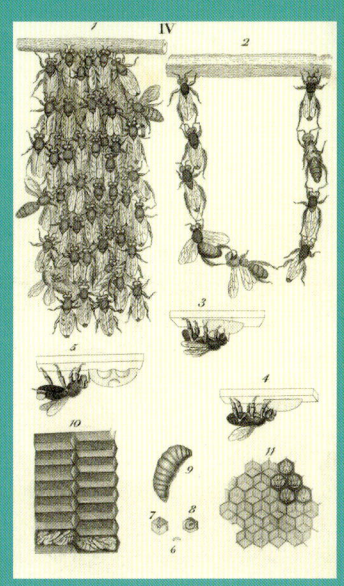

Honig ist ein sonderbares Produkt. Die meisten unserer Nahrungsmittel erhalten wir durch die Ernte von Pflanzen, die wir anbauen, oder durch das Fleisch von Tieren, die wir schlachten. Nektar dagegen wird von Bienen aufgenommen und erst durch sie zu einem neuen Produkt: dem Honig. Die Biene sammelt den Nektar der Blüten und wandelt ihn in ihrer Honigblase – einem kleinen Säckchen zwischen Speiseröhre und Magen – zu Honig um. Die Honigblase ist dehnbar: Eine Biene trägt bis zur Hälfte ihres Körpergewichtes in Form von Nektar mit sich.

Man kann es nicht oft genug betonen: Honig – das älteste Süßungsmittel der Menschheit – gäbe es nicht, wenn es keine Bienen gäbe. Und auch diese unauffälligen kleinen Insekten wären nicht in der Lage, Honig zu erzeugen, hätte das Bienenvolk nicht einerseits eine äußerst effektive Organisation, innerhalb der jede Biene weiß, worin ihre Aufgabe besteht, und andererseits eine hochkomplexe Kommunikationsfähigkeit. Eine eigene Symbolsprache ermöglicht es den Bienen, sich gegenseitig von den besten Futterstellen zu »erzählen«. So muss man, um das Produkt Honig zu verstehen, zuerst die Bienen besser kennenlernen.

Starke Leistung

Auch wer gar keinen Honig mag, muss den Bienen Achtung zollen. Denn rund 80 Prozent der Bestäubung unserer Nutzpflanzen wird von Bienen geleistet! Für 1 Kilogramm Honig fliegt ein Bienenvolk 10 bis 15 Millionen Blüten an und bestäubt sie dabei. Rund 10 000 Bienen-Arbeitstage werden dafür benötigt und 250 000 Kilometer Strecke legen die Sammlerinnen zurück. Trotzdem bringt ein Bienenvolk im Durchschnitt 1 Kilogramm Honig pro Tag in den Stock. An sonnigen Tagen können es auch mal 4 Kilogramm sein. Das gelingt allein durch die erstaunlich effektive Zusammenarbeit des Bienenvolkes. Ob Äpfel, Birnen oder Orangen – nichts könnten wir ernten, würden die Pflanzen nicht zuvor von den fleißigen kleinen Insekten bestäubt.

So klein sie sind: Honigbienen sind das drittwichtigste Nutztier der EU, gleich nach Rindern und Schweinen. Denn Bienen sichern unsere Ernährung. Mehr als ein Drittel unserer Nahrung hängt direkt oder indirekt von ihrer Bestäubungsleistung ab: An Obstplantagen werden bewusst Bienenvölker aufgestellt, die für eine reiche Ernte sorgen. Auch Futterpflanzen für Tiere werden von Bienen bestäubt. Auf rund 4 Milliarden Euro jährlich wird der volkswirtschaftliche

Nutzen der Imkerei in Deutschland geschätzt. Im Klartext: Wollten wir die Bienen abschaffen und die Bestäubung von Kultur- und Nutzpflanzen dem Menschen überlassen, würde das die Landwirtschaft allein hierzulande 4 Milliarden Euro pro Jahr kosten! Das macht die Bienen zu einem enorm wichtigen Wirtschaftsfaktor, der uns alle betrifft.

Honig ist schon durch seine gesundheitliche Wirkung von unschätzbarem Wert. Aber auch darüber hinaus bilden Menschen und Bienen eine Schicksalsgemeinschaft auf der Erde: Die Bienen sorgen für den Erhalt der biologischen Vielfalt, brauchen aber gleichzeitig die unzerstörte Natur für ihr Überleben. Sie sind behilflich bei der Produktion von Nahrung für Mensch und Tier. Ihre artgerechte Haltung und Pflege ist deswegen volkswirtschaftlich rentabel. Zwingt man die Bienen jedoch künstlich zur Leistungssteigerung, so macht man sie anfällig für Krankheiten oder tötet sie sogar. Schon heute führt die Massentierhaltung von Honigbienen in den USA zu einem dramatischen Bienensterben. Bienenvölker werden in Lkws über weite Strecken von einem Bundesstaat in den anderen transportiert, um sie zur Bestäubung großflächiger Monokulturen am Rande von Orangen-, Mandel- oder Heidelbeerplantagen auszusetzen. Für die Tiere sind diese Transporte ein enormer Stress. Etwa 45 Prozent

der Bienenvölker sterben auf der Fahrt. Seit die Völkerzahl immer größer wird, die Strecken immer länger werden und das ganze Jahr über gefahren wird, kommen in manchen Jahren sogar 80 Prozent der Bienenvölker durch die Transporte um. Für die Unternehmen, die die Bestäubungsleistung der Bienen als Dienstleistung anbieten, lohnt sich das Geschäft trotzdem. Denn sie leben von der Massentierhaltung. Alle ein bis drei Wochen werden 1000 bis 3000 Bienenvölker mehrere 1000 Meilen umgesiedelt. Verluste werden durch Nachzucht ausgeglichen. Die Plantagenbesitzer zahlen gut dafür.

Die Leistung der Bienen und der Nutzen, den sie uns bringen, verdient Respekt und Achtsamkeit im Umgang mit diesen sonderbar-wunderbaren Lebewesen. Grenzenlose Gier schadet auf Dauer nur uns selbst. Denn Bienen sind verlässliche Bioindikatoren für den Zustand der Landschaft. Sie zeigen das biologische Gleichgewicht an und reagieren höchst empfindlich auf naturwidrige Einflüsse, wie etwa auf den Einsatz von Pestiziden. Überall auf der Erde kann man beobachten: Wo sich die Umweltbedingungen verschlechtern, werden zuerst die Bienen krank. Die Evolution des Menschen ist eng mit der der Bienen verwoben, und wir werden die Bienen auch in Zukunft brauchen. Wo sie sich wohlfühlen, geht es auch den Menschen gut!

>Durch die Welt sich zu helfen ist ganz was eignes; man kann sich nicht so heilig bewahren als wie im Kloster, das wisst ihr. Handelt einer mit Honig, er leckt bisweilen die Finger.«

JOHANN WOLFGANG VON GOETHE

Arbeiterin

Königin

Drohne

Bienenbuckelfliege

Bienenlaus

Larve des Bienenkäfers

Larve der Bienenbuckelfliege

Raupe des Wachsschabers

Bienenfeinde

Das Bienenvolk

Carl von Linné, ein schwedischer Naturforscher, gab der heimischen Honigbiene 1758 ihren Namen: »Apis mellifera«, »die Honigeintragende«. Schon drei Jahre später, im Jahr 1761, wurde ihm sein Irrtum bewusst: Bienen tragen den Honig nicht ein, sondern wandeln den gesammelten Blütennektar in ihrer Honigblase in Honig um. Linné nannte die hiesige Biene eilig in »Apis mellifica« um: »die Honigerzeugende«. Leider hatte er jedoch das Pech, dass der erste wissenschaftlich verwendete Name verbindlich gilt und sich daher nicht mehr rückgängig machen lässt. »Apis mellifera« ist also der korrekte Name für die hier ansässige Biene, auch wenn er eigentlich falsch ist. In Büchern und im Internet kursieren jedoch bis heute beide Bezeichnungen – zur Verwirrung vieler Imker und Bienenfreunde.

Das Leben der Bienen ist so faszinierend andersartig, dass man – wenn man einen Blick in ihren kleinen Kosmos riskiert – glauben könnte, man beobachte Bewohner eines anderen Planeten. Zwischen 10 000 und 60 000 Bienen leben je nach Jahreszeit in einem Volk, das wie ein zusammenhängender Organismus funktioniert, in dem die Bienen miteinander kommunizieren und sogar eine eigene Sprache haben.

Jedes Bienenvolk hat nur eine Königin, die die Mutter aller Bewohner des Bienenstaates ist. Sie wird bis zu fünf Jahre alt, legt in der Saison bis zu 2000 Eier am Tag und ist etwa ein Drittel größer als ihre Arbeitsbienen. Rund 90 Prozent der Bienen in einem Bienenvolk sind Arbeiterinnen. Diese weiblichen, aber nicht geschlechtsreifen Bienen entwickeln sich aus den befruchteten Eiern, die die Königin legt. Eine Arbeiterin lebt im Sommer nur zwei bis sechs Wochen, in denen sie Unglaubliches leistet. Je nach Alter verrichtet sie verschiedene Aufgaben: Kurz nach dem Schlüpfen ist sie als Putzbiene für die Sauberkeit im Stock verantwortlich, ab dem dritten Tag füttert sie als Ammenbiene die Larven. Etwa ab dem zwölften Tag haben sich ihre Wachsdrüsen ausgebildet, sodass sie am Bau der Wabenzellen mitwirken kann. Ab ihrem 18. Lebenstag werden Arbeitsbienen endlich selbst zu Sammlerinnen von Nektar, Pollen, Wasser und Kittharz. Andere Arbeiterinnen, die Wächterbienen genannt werden, bewachen ab ihrem zwölften Lebenstag das Einflugloch des Stockes und verteidigen es gegen Eindringlinge. Mit ihren Flügelbewegungen regulieren sie außerdem den Luft- und Wärmeaustausch im Stock. In der warmen Jahreszeit sterben die Arbeiterinnen nach 20 bis 70 Tagen.

Die männlichen Bienen, die aus den unbefruchteten Eiern der Königin schlüpfen, heißen Drohnen. Ihre Aufgabe besteht allein in der Befruchtung neuer Königinnen, die von

April bis Juli vom Volk herangezogen werden, damit sie ausschwärmen und neue Bienenstöcke bilden. Bis zum Tag der Befruchtung werden die Drohnen von den Arbeiterinnen gefüttert und müssen selbst keine Arbeit verrichten. Beim »Hochzeitsflug« paart sich die junge Königin mit mehreren Drohnen und kann deren Spermien bis zu fünf Jahre aufbewahren. Die Drohnen sterben während des Begattungsvorgangs. Nur diejenigen, die bei der Königin nicht zum Zuge kommen, überleben. Sie werden jedoch in der sogenannten »Drohnenschlacht« im Juli aus dem Volk vertrieben und verhungern.

Während bei Wespen und Hummeln die gesamten Staaten im Winter eingehen und nur deren Königin überwintert, überlebt bei den Bienen auch ein Teil des Volkes den Winter. Sobald die Temperaturen um den Nullpunkt liegen, bilden 5000 bis 12 000 Arbeiterinnen eine dichte Traube um die Königin, um sie zu wärmen. Die Bienen ernähren sich in dieser Zeit von dem im Sommer angelegten Honigvorrat. Um 20 °C beträgt die Temperatur im Inneren der Wintertraube, an der Oberfläche hat sie noch etwa 10 °C.

Gebildet wird die Traube von den langlebigen Winterbienen, die im September geboren werden. Sie lösen die Sommerbienen ab und unterscheiden sich von diesen in Physiologie und Verhalten. So verfügen Winterbienen zum Beispiel über einen besonders großen Fettkörper, sind deutlich weniger aktiv und leben wesentlich länger als ihre Kolleginnen im Sommer: In sechs bis neun Monaten überstehen die Winterbienen mit der Königin die kalte Jahreszeit. Im Frühjahr bauen sie mit ihr den neuen Bienenstaat auf. Steigen die Temperaturen wieder, päppeln sie die Brut auf und tragen den ersten Honig ein. Sind die neuen Jungbienen geboren, sterben die Winterbienen.

»Die Honigbienen, Kreaturen,

die durch die Regel der Natur uns lehren

zur Ordnung fügen ein bevölkert Reich.

Sie haben einen König und Beamte

von unterschiedenem Rang, wovon die einen

wie Obrigkeiten Zucht zu Hause halten,

wie Kaufleut' andre auswärts Handel treiben,

noch andre wie Soldaten, mit den Stacheln

bewehrt, die samtnen Sommerknospen plündern

und dann den Raub mit lust'gem Marsch nach Haus

zum Hauptgezelte ihres Kaisers bringen,

der, emsig in der Majestät, beachtet,

wie Maurer singend goldne Dächer baun,

die stillen Bürger ihren Honig kneten,

wie sich die armen Tagelöhner drängen

mit schweren Bürden an dem engen Tor,

wie mürrisch summend der gestrenge Richter

die gähnende und faule Drohne liefert

in bleicher Henker Hand.«

WILLIAM SHAKESPEARE

41

Tanz der Bienen

Die Bienensprache

Eine Biene zählt als Individuum wenig. Erst die Fähigkeit des Bienenvolkes, miteinander zu kommunizieren und perfekt zusammenzuarbeiten, ermöglicht es, so große Mengen Honig einzubringen, dass sie zum Überwintern ausreichen.

Die Eigenschaft der Honigbienen, die sie dazu bringt, immer wieder an Orte zurückzukehren, an denen sie bereits einmal Futter gefunden haben, und immer wieder die gleichen Blüten zu wählen, wird »Blütenstetigkeit« genannt. Sie macht ihre Leistung für die Landwirtschaft so wertvoll – denn Bienen arbeiten ein Feld Meter für Meter ab, während sie den Nektar ernten, und bestäuben es dabei.

Wie finden jedoch die Bienen immer wieder an die gleichen Orte zurück? Die Antwort ist verblüffend: Sie können lernen, sich Wege merken und sich miteinander verständigen. Versuche haben gezeigt, dass auch Arbeiterinnen, die die Futterstellen noch gar nicht kennen, wissen, wohin sie fliegen müssen. Erfolgreiche Sammlerinnen haben ihnen eine Wegbeschreibung gegeben. Sie tanzen den Weg zur Futterstelle in verkleinertem Maßstab nach, als würden sie eine Landkarte zeichnen.

Schon früh wurde der Tanz der Bienen beobachtet. Seine Bedeutung verstand man jedoch über Jahrhunderte nicht. So schreibt etwa der deutsche Imker Nikolaus Unhoch in seiner 1923 veröffentlichten »Anleitung zur wahren Kenntnis und zweckmäßigen Behandlung der Biene«: »Es wird manchem lächerlich, ja wohl gar unglaublich scheinen, wenn ich behaupte, dass auch die Bienen, wenn anderes der Stock in gutem Zustand ist, gewisse Lustbarkeiten und Freuden unter sich haben, dass sie sogar nach ihrer Art zuweilen einen gewissen Tanz anstellen.« Unhoch vermutete bereits, dass mehr hinter diesen Tänzen stecken musste und schreibt daher weiter: »Was eigentlich dieser Tanz bedeuten soll, kann ich noch nicht erklären; ob es vielleicht eine mutige Freude und Aufmunterung unter ihnen selbst ist, oder ob es aus einem anderen noch unbekannten Zweck geschieht, das muss die Zukunft lehren.«

Dass die Bienen keine Freudentänze über den gesammelten Honig aufführen, sondern anderen Arbeiterinnen den Weg zu Futterquellen beschreiben, fand Karl von Frisch im 20. Jahrhundert heraus. Der bedeutende Verhaltensforscher beschäftigte sich mit der Sinneswahrnehmung der Honigbiene und der Verständigung der Tiere untereinander. Er erkannte deren soziale Verhaltensmuster und stellte fest, dass hinter den Tänzen der Biene eine Symbolsprache steckt, die zu den komplexesten Kommunikationsleistungen im Tierreich zählt. Gemeinsam mit Konrad Lorenz und Nikolaas Tinbergen erhielt Frisch 1973 dafür den »Nobelpreis für Physiologie oder Medizin«.

Von großer Bedeutung für die Entschlüsselung der Bienensprache ist, dass einige Sinneswahrnehmungen der Bienen anders funktionieren als beim Menschen. So sehen Bienen sich den Tanz ihrer Kolleginnen nicht vorrangig an, sondern ertasten ihn. Denn im Bienenstock – wo die Tänze meist ausgeführt werden – ist es dunkel. Kommt eine Arbeiterin von einem erfolgreichen Sammelflug zurück und beginnt zu tanzen, nehmen andere Sammlerinnen mit den Fühlern Kontakt zu ihr auf. Sie folgen ihren Bewegungen, tanzen sie nach, sodass man sie auch »Nachtänzerinnen« nennt. Beschreibt die Tänzerin enge Kreise, ist die Futterquelle im direkten

Umkreis des Stockes zu finden. Liegt die Futterstelle weiter entfernt, führt die Tänzerin einen komplizierten Schwänzeltanz durch, bei dem sie gerade Strecken abläuft und ihr Hinterteil rhythmisch in mehrere Richtungen bewegt. Sie beschreibt damit die genaue Lage der Futterstelle. Im Bewegungsablauf der Tänzerin ist die Richtung der Futterquelle in Bezug auf die Position der Sonne verschlüsselt. Das setzt voraus, dass Bienen bei jedem Wetter wissen, wo die Sonne steht. Und richtig: »Es ist überraschend, dass die Bienen die Sonne auch durch eine Wolkenschicht sehen können, die sie für uns unsichtbar macht. Ihre Augen leisten darin mehr als die unseren«, schreibt Karl von Frisch in seinem Buch »Du und das Leben«.

Die Wabe, auf der die erfolgreiche Sammlerin tanzt, vibriert wie ein Tanzboden, was Nachtänzerinnen anlockt. Sogar über die Nektarsorte informiert die Tänzerin ihre Kolleginnen. An ihrem Haarkleid haftet der Duft der Blüten, die sie angeflogen hat und gibt den anderen Aufschluss darüber, welche köstliche Mischung sie erwartet. Der Geruchssinn der Bienen ist stark entwickelt, denn sie brauchen ihn, neben visuellen Reizen, um Blüten zu erkennen. Auch jedes Bienenvolk hat seinen eigenen Geruch. Er hilft besonders jungen Sammlerinnen sicher zurück in den Stock zu finden. Im Tanz der Bienen ist sogar eine Verkostung inbegriffen: Immer wieder hält die Tänzerin inne, um Proben des mitgebrachten Nektars an die anderen Sammlerinnen zu verteilen. Auf diese Weise erfahren sie, wie er schmeckt und wie hoch sein Zuckergehalt ist. So fliegen sie zielsicher los, um exakt an der beschriebenen Stelle mehr von der wertvollen Nahrung zu holen.

43

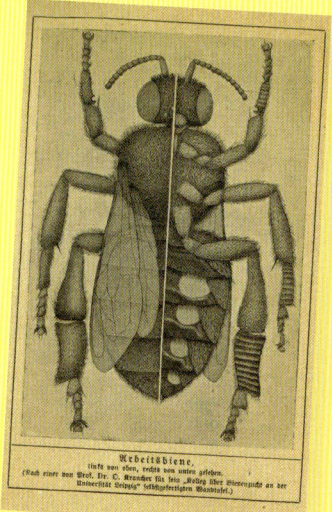

Wie Honig entsteht

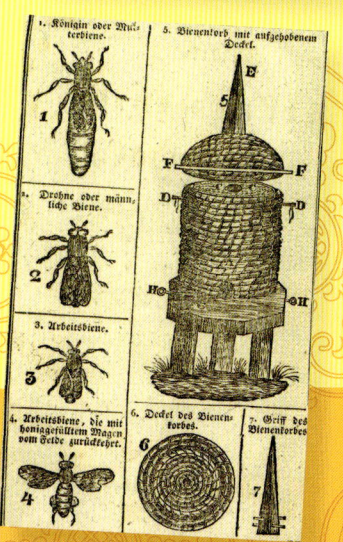

9. Kanitzstock.

Ohne die Bienen gäbe es keinen Honig. Sie erzeugen ihn aus Blütennektar oder Honigtau. Aber wie machen sie das eigentlich genau? Und wie gelingt es dem Imker, an die begehrte Süßigkeit zu kommen, ohne dem Bienenvolk zu schaden? Über die Jahrhunderte sind immer ausgefeiltere Techniken zur Honiggewinnung erdacht worden – vom beweglichen Wabenrahmen bis zur Honigschleuder, mit deren Hilfe man den Honig von den Waben trennt. Denn Honig mit der Wabe zu verzehren, wie es früher die Regel war, ist heute nur noch eine von vielen Möglichkeiten des Genusses.

Ohnehin ist Honig nicht gleich Honig. Je nachdem, ob sein Rohstoff Nektar oder Honigtau ist, unterscheidet der Imker zwischen Blüten- oder Honigtauhonig. Honige, die hauptsächlich von einer Pflanzenart stammen, nennt man Sortenhonige. Andere, die die Vielfalt einer Landschaft abbilden, heißen Mischhonige. Beim köstlichen Produkt Honig gibt es unendlich viel zu entdecken …

45

Von der Blüte bis zur Wabe

Früher dachte man, dass die Bienen den Honig sammeln. In Wirklichkeit erzeugen sie ihn jedoch. Fliegt eine Biene aus, um Nektar zu holen, zieht sie ihn mit dem Saugrüssel aus den Blüten und reichert ihn dabei mit Enzymen aus ihrem Speichel an. Der Nektar wandert in ihre Honigblase, die auch »Honigmagen« genannt wird. Gerade einmal 50 bis 70 Milligramm Nektar haben darin Platz. Das entspricht 90 Prozent des Körpergewichts der Biene. Und: Aus 1 Liter Nektar werden nur 300 Gramm Honig. So müssen die Bienen eines Stockes viele Male ausfliegen, um auf ihren durchschnittlichen Tagesertrag von 1 Kilogramm Honig zu kommen – ihr Fleiß gilt zu Recht als legendär.

In der Honigblase der Biene wird dem Nektar zum ersten Mal Wasser entzogen – seine Konsistenz verändert sich. Außerdem wird der Mehrfachzucker im Honig in die Einfachzucker Frucht- und Traubenzucker aufgespalten – das macht den Honig leichter verdaulich.

Biene mit gefülltem Pollenhöschen. Der Pollen dient den Larven im Bienenstock als Nahrung.

Zurück im Stock behält die Sammlerin einen kleinen Teil der Ernte für sich, um den eigenen Energiebedarf zu decken. Den Großteil des Ertrags gibt sie jedoch an ihre Kolleginnen weiter. Die Stockbienen reichen den unfertigen Honig schnell von Biene zu Biene weiter – als würden sie für einen Umzug eine Kette bilden. Dabei reichern auch sie den Honig wieder und wieder mit ihren körpereigenen Enzymen an.

In einer ersten Trocknungsphase lassen die Bienen ihr Sammelgut als flachen Tropfen an der Unterseite ihres Rüssels abfließen – und saugen ihn gleich danach wieder auf. Etwa 20 Minuten dauert dieses Jo-Jo-Spiel, bei dem die halbreifen Honigtropfen in der warmen Stockluft trocknen. Danach lagern die Stockbienen den unfertigen Honig erst einmal an den Wänden der Wabenzellen ab, sodass sich sein Wassergehalt nochmals reduziert.

Der Wassergehalt von frischem Blütennektar liegt bei 75 Prozent. Durch das mehrfache Bearbeiten und Umlagern im Stock verdunstet ein Großteil davon. Auf diese Weise erzeugen die Arbeiterinnen den fertigen Honig, der nur noch rund 18 Prozent Wasser enthält. Erst dieser wird dann endgültig in einer Zelle eingelagert und mit einer nahezu luft- und wasserdichten Wachsschicht verschlossen, die den Honig optimal vor Außeneinflüssen schützt.

Beim Sammeln von Nektar, Honigtau, Pollen, Wasser und Kittharz folgen die Bienen ihrer Schwarmintelligenz. Das Bienenvolk braucht Honig, um auch im Winter auf einen Nahrungsvorrat zurückgreifen zu können. Er liefert Kohlenhydrate zur Energiegewinnung. Eiweiß- und mineralstoffreiche Pollen ergänzen den Speiseplan. Je länger die warme Jahreszeit in einer Region andauert und je mehr Blütenpflanzen zur Verfügung stehen, desto mehr Honig können die Bienen eintragen. Der Vorrat, den ein Bienenvolk für den Winter anlegt, schwankt je nach Klima und Vegetation der Umgebung zwischen 10 Kilogramm und 150 Kilogramm pro Jahr.

In klimatisch günstigen Gegenden sammeln die Bienen oft einen größeren Wintervorrat, als sie benötigen. In Nordeuropa

reichen dagegen die Nahrungsquellen für die Bienen manchmal nicht aus, um einen Überschuss zu produzieren. Wo das Klima rau ist und Naturlandschaften immer weiter zurückgehen, sind die Bienenvölker auf Imker angewiesen, um im Winter nicht zu verhungern. So kann es sinnvoll sein, vor der kalten Jahreszeit Honig oder Zuckerwasser zuzufüttern.

Die Fütterung mit Zucker führt jedoch immer wieder zu Diskussionen: Viele Verbraucher greifen gerade zum Honig, weil er für sie eine Alternative zu raffiniertem Zucker ist. Die Befürchtung, dass auf dem Umweg der Fütterung wieder Zucker in den Honig gelangt, liegt nahe. Dies ist aber nicht der Fall. Imker füttern ihre Bienen erst nach der letzten Honigernte im Spätsommer. In langen, harten Wintern muss im Ausnahmefall im Frühling nochmals gefüttert werden. Dann ist jedoch in Deutschland ein Zeitraum von mindestens drei Wochen zwischen der Fütterung und dem Einhängen der Waben in den Bienenstock vorgeschrieben. So wird ausgeschlossen, dass Zucker in den Honig gelangt.

Dass Bienen raffinierten Zucker statt Vollrohrzucker bekommen, ist ebenfalls eine bewusste Entscheidung zur artgerechten Behandlung der Bienen und nicht etwa eine Sparmaßnahme. Vollrohrzucker können Honigbienen nicht richtig verarbeiten. Die darin enthaltene Melasse würde ihrem Magen-Darm-Trakt zu schaffen machen und dazu führen, dass sie im Winter den Stock, der ihre Behausung ist, mit ihrem Kot verschmutzen müssten.

Die meisten Imker hängen an ihren Bienenvölkern und möchten ihnen nicht schaden. Auch die bewusste Wahrnehmung der Natur ist unter Imkern weit verbreitet, denn durch das Leben mit den Bienen erleben sie die Jahreszeiten und die Vielfalt der Natur ganz intensiv.

»Alle Bienen sollen leben,

die mit zärtlichem Bemühen

Honig von den Lippen geben

und den Stachel in sich ziehn.«

ALTER TRINKSPRUCH

Von der Wabe bis zum Glas

Der Mensch liebt den süßen, energiespendenden Honig. Während die ersten Menschen den Honig wilder Bienenvölker aus hohlen Bäumen sammelten, arbeiteten die »Zeidler« – Vorgänger der Imker im Mittelalter – bereits systematischer. Der Forstmeister wies dem Zeidler Bäume zu, die für die Bienenhaltung vorgesehen waren. Der Zeidler höhlte sie aus und besiedelte sie mit Bienen.

Daneben gewann auch die Hausbienenhaltung an Bedeutung: In sogenannten »Klotzbeuten« wurden Bienen in der Nähe menschlicher Behausungen gehalten. Unter Klotzbeuten verstand man kunstvoll mit Schnitzereien verzierte Abschnitte von Holzstämmen, die auch wie Figuren aussehen konnten. In ihren Hohlräumen wurden Bienen einquartiert, die auf diese Weise in direkter Nachbarschaft der Menschen lebten.

Später wurden in der Hausbienenhaltung auch Strohkörbe verwendet, deren typische Form noch heute vielen Imkern als Erkennungszeichen dient. Auch das Logo des Deutschen

49

Bienenwaben nach der Entnahme

Kontrolle der Bienenvölker

Imkerbundes enthält so einen Bienenkorb. Der Nachteil der romantisch aussehenden Körbe war, dass der Zugriff auf die Bienenwaben für den Imker schwierig war. Den Bienen wurde mit dem Korb ein neues Zuhause gegeben, die Honigwaben bei der Ernte aber zerstörerisch aus dem Stock geschnitten. Zudem war es schwierig, abzuschätzen, wann der Honig reif zur Ernte war, weil die Imker keinen Einblick in den Stock hatten. Allein am Verhalten der Bienen am Flugloch las der Imker den Entwicklungsstand des Volkes ab.

Im 19. Jahrhundert entwickelte sich die Imkerei in großen Schritten weiter: Baron August Freiherr von Berlepsch erfand 1853 die beweglichen Wabenrahmen. Schon als junger Mann betätigte sich der »Bienenbaron« als Imker und verfasste im Laufe seines Lebens mehrere für seine Zeit wichtige Lehrbücher. Die herausnehmbaren Rahmen machten es möglich, die Arbeit der Bienen direkt zu verfolgen und den Honig zu ernten, ohne die Waben zu zerstören.

Johannes Mehring hatte 1858 eine weitere wichtige Idee für die Imkerei: die Mittelwand aus Bienenwachs. Zusätzlich zu den Wabenrahmen wird eine gegossene Bienenwachsplatte in die Magazine eingehängt. Sie ist mit Sechsecken geprägt, die der Größe und Form von natürlichen Bienenwaben entsprechen. Die lernfähigen Bienen orientieren sich an dem Muster. Sie bauen ihre Zellen schneller, regelmäßiger und nutzen den Platz innerhalb des Wabenrahmens besser aus.

Heute ist die Bienenhaltung in »Magazinen« am weitesten verbreitet: In übereinander gestapelte Kisten werden die Wabenrahmen eingehängt. Eine der Kisten dient den Bienen als Honigraum, eine andere als Brutraum. Ist die Zeit der Ernte gekommen, zieht der Imker die Wabenrahmen langsam aus dem Honigraum. Je gleichmäßiger und ruhiger er arbeitet, desto ruhiger bleiben auch die Bienen. Als zusätzlicher Schutz vor Bienenstichen dient dem Imker manchmal auch ein weißer Spezialanzug.

Bei der Wabenprüfung

Bienen, die auf der Wabe sitzen, werden vorsichtig abgestreift. Dann müssen die Wachsdeckel, die die Honigwaben verschließen, entfernt werden. Dazu kann man ein Spezialgerät verwenden: die Entdeckelungsgabel.

In der Honigschleuder wird der Honig von der Wabe getrennt. Dies gelang den Menschen viele Jahrhunderte lang nicht effektiv. Das änderte sich 1865 grundlegend durch die Erfindung eines italienischen Majors: Francesco de Hruschka. Dieser hängte die Waben in eine Honigschleuder ein, in der sie mithilfe der Zentrifugalkraft entleert wurden.

Während die goldene Masse von der Honigschleuder in Auffangbehälter fließt, wird sie erstmals gesiebt. Je nach Sorte und Viskosität des Honigs lässt der Imker ihn ein bis fünf Tage in geschlossenen Behältern stehen. Luftbläschen und feine Wachspartikel setzen sich als Schaum an der Oberfläche ab und werden mit einem Teigschaber abgehoben.

Um zu verhindern, dass der Honig grobkörnig auskristallisiert, kann er feincremig gerührt werden. Dieser Rührvorgang dauert in der Regel ein bis zwei Wochen und wird ein- bis zweimal am Tag durchgeführt – auch diese zusätzliche Arbeit steigert den Wert des Honigs. Manche Imker verzichten gänzlich darauf, ihren Honig zu rühren, weil sie oder ihre Kunden grobkörnigen Honig lieben. Vor der Abfüllung in Gläser oder Metalleimer siebt der Imker den Honig nochmals, sodass sich keine Rückstände mehr darin befinden. Ob sich Gläser, kleine Metall- oder Plastikeimer besser als Honigbehälter eignen, ist eine Frage der Ländergewohnheit. So greifen die Deutschen eher zu Honig im Glas, während in Frankreich Honig mit Plastikeimerchen assoziiert wird. Blickdichte Behälter wie Metalleimerchen haben den Vorteil, dass der Honig vor Licht geschützt ist.

Zwar sind besonders viele Honige »Schleuderhonige«; das Schleudern ist jedoch nicht die einzig mögliche Form der Honiggewinnung durch den Imker. Für den »Wabenhonig«, auch »Scheibenhonig« genannt, schneidet der Imker Stücke mit noch verdeckelten Zellen aus den Waben. Der Honig wird mit Wabe gegessen – eine köstliche Spezialität. Außerdem gibt es »Honig mit Wabenanteilen«. Das sind flüssige Honige, in denen ein Stück Wabenhonig liegt. »Tropfhonig« wurde nicht geschleudert. Man lässt ihn einfach austropfen, nachdem die Waben entdeckelt worden sind. Für »Presshonig« werden die Waben ausgepresst.

Ob Honig mit der Wabe verzehrt oder geschleudert wird, ob er cremig gerührt wurde oder nicht, ist für den Geschmack natürlich von Bedeutung. Noch wichtiger für das Aroma und die Honigsorte ist jedoch, woraus der Honig gewonnen wurde. Diese Auswahl treffen die Bienen.

»Ich saß an einem Tisch von Silber reich.

Nie sah ich solchen Aufwand all mein Leben.

Drei süße Speisen gab es da zugleich: Zucker

und Honig und mein Schatz daneben.«

PAUL VON HEYSE

BEE
ALERT

Honigsorten – der feine Unterschied

Für viele Verbraucher ist es eine Überraschung: Bienen können Honig aus verschiedenen Rohstoffen gewinnen. Die beiden großen Gruppen, zwischen denen es zu unterscheiden gilt, sind »Blütenhonige« und »Honigtauhonige«.

Für Blütenhonig sammeln die Bienen Nektar, den sie in Honig umwandeln. Dabei können sie sortenreine Blütenhonige erzeugen, wenn ihnen im Umfeld ihres Stockes eine nektarspendende Pflanzenart in großer Menge zur Verfügung steht. Dieser »Sortenhonig« zeichnet sich durch das charakteristische Aroma einer Pflanze aus, das mit etwas Übung von Genießern wiedererkannt werden kann, vergleichbar mit der Rebsorte eines Weines. Sortenreine Blütenhonige aus Mitteleuropa sind zum Beispiel Akazien-, Klee- oder Lindenblütenhonig. Typisch für Sortenhonige aus Südeuropa sind zum Beispiel Lavendel-, Rosmarin- oder Orangenblütenhonig.

Bedient sich das Bienenvolk dagegen an einer bunt gemischten Blumenwiese, wird der Honig als »Mischhonig« bezeichnet. Hinter so simplen Namen wie »Frühlingsblüte« oder »Sommertracht«, mit denen der Imker den Zeitpunkt der Ernte angibt, verbirgt sich oft ein wahres Feuerwerk an Aromen. Denn Mischhonige eines naturbelassenen Gebietes fangen mit ihrem unglaublichen Nuancenreichtum die ganze Pflanzenvielfalt der Landschaft ein. Manchmal ist es schon beim ersten Hineinschnuppern ins Glas, als stünde man mitten in einer Blumenwiese oder Obstplantage des Herkunftsgebietes.

Die Farbe von Blütenhonigen variiert von weiß-grau über stroh- und goldgelb bis zu goldbraun und dunkelbraun. Temperatur, Luftfeuchtigkeit, Windrichtung und Witterung beeinflussen die Nektarbildung ebenso wie die Bodenverhältnisse. Honige aus gemischten Blüten enthalten diese Informationen der Landschaft, spiegeln deren Klima und Boden wider. Man kann daher – ähnlich wie beim Wein – beim Honig vom Geschmack des »Terroirs« sprechen.

Neben Blütenhonigen gibt es eine zweite große Gruppe: Honigtauhonige, für die sich die Bienen aus einer völlig anderen Quelle bedienen. Als Honigtau bezeichnet man nämlich die zuckerhaltigen Ausscheidungen pflanzensaugender Insekten. Vor allem Läuse, die auf Stämmen von Laub- oder Nadelbäumen sitzen, sind wichtige Honigtauerzeuger. In warmen Sommern kann man ihre klebrig-süßen Ausscheidungen als glänzenden Belag auf den Blättern der Bäume sehen. Die Bienen sammeln diesen süßen Honigtau und verarbeiten ihn auf genau dieselbe Weise zu Honig wie Nektar.

Die Konsistenz von Honigtauhonig erinnert oft an die von halbfertigen Bonbons. Honigtauhonige sind harzig-klebrig, ihr Farbspektrum reicht von hellbraun über grünlich-braun und bernsteinfarben bis zu fast schwarzen Sorten. Der Geschmack ist kräftig-malzig. Der wohl bekannteste Honigtauhonig ist Waldhonig, der meist aus europäischen Mischwäldern stammt. Beispiele für sortenreine Honigtauhonige sind Pinienhonig, zum Beispiel aus der Provence, oder Tannenhonig, zum Beispiel aus dem Schwarzwald.

>>Mit einem Tropfen Honig fängt man mehr Fliegen als mit einem Fass Essig.<<

ITALIENISCHES SPRICHWORT

GESUNDE
NAHRUNG

Langnese
BIENEN
HONIG

REIN, WIE DIE NATUR IHN GIBT

LANGNESE-BIENCHEN II/62

Honig von hier und aus der ganzen Welt

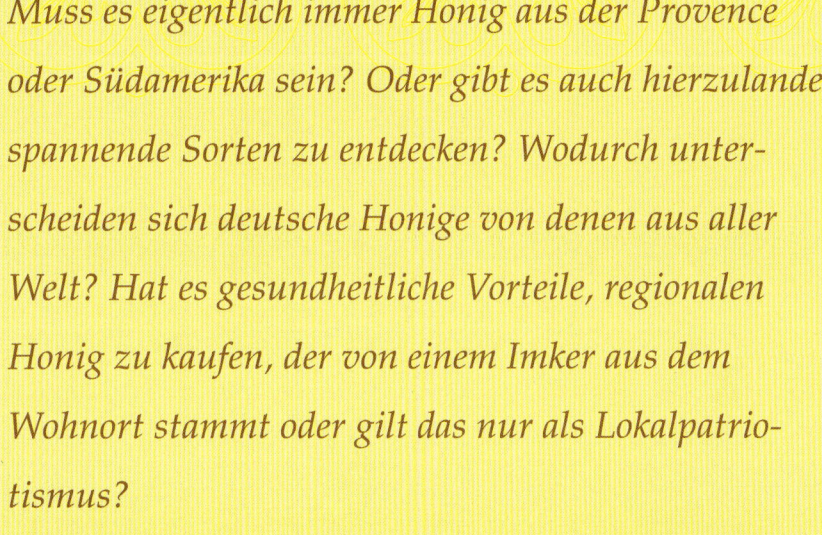

Muss es eigentlich immer Honig aus der Provence oder Südamerika sein? Oder gibt es auch hierzulande spannende Sorten zu entdecken? Wodurch unterscheiden sich deutsche Honige von denen aus aller Welt? Hat es gesundheitliche Vorteile, regionalen Honig zu kaufen, der von einem Imker aus dem Wohnort stammt oder gilt das nur als Lokalpatriotismus?

Wie wichtig es ist, auf das Bio-Siegel zu achten, hängt bei Honig ganz von der Herkunft ab. Für den »Echten Deutschen Honig«, der vom Deutschen Imkerbund zertifiziert und mit dem entsprechenden Etikett gekennzeichnet wird, gelten strenge Qualitätsrichtlinien, sodass sich seine Inhaltsstoffe kaum von Bio-Honigen unterscheiden. Denn wie bei deutschem Bier gilt bei deutschem Honig das Reinheitsgebot: Nichts darf im Honig sein, außer Honig.

Deutscher Honig

Rund 1,4 Kilogramm Honig pro Kopf verspeisen die Deutschen jährlich. Aber nur 25 Prozent der süßen Lust stillen sie mit Honig aus Deutschland. Drei Viertel des Bedarfs wird importiert, vor allem aus Mittel- und Südamerika. Dabei spricht einiges dafür, vor allem Honig aus Deutschland zu kaufen: Man unterstützt damit die Bestäubung der Nutzpflanzen im eigenen Land, die ein wirtschaftlich wichtiger Faktor ist. Wird vorwiegend Honig aus anderen Ländern gekauft, findet auch die Bestäubung dort statt.

Für deutschen Honig sprechen außerdem die strengen Qualitätsrichtlinien des Deutschen Imkerbundes. Sie schreiben vor, dass Honig wirklich nur Honig enthalten darf. Das ist bei Honig aus aller Welt nicht unbedingt der Fall, denn es gibt keine internationale Standardisierung für naturbelassene Honige. So ist es in manchen außereuropäischen Ländern erlaubt, die Bienen zusätzlich mit Zucker zu füttern,

um mehr Masse zu produzieren. Auch dürfen Antibiotika bei den Bienenvölkern eingesetzt werden, um Infektionen vorzubeugen. Alles das verbietet die Deutsche Honigverordnung ausdrücklich. Ihre wesentlichen Inhalte sind inzwischen auch im europäischen Recht aufgegangen, sodass auch EU-Honig nur arteigene Bestandteile enthalten darf. Dennoch ist die Selbstverpflichtung, die Imker durch ihre Zugehörigkeit zum Deutschen Imkerbund eingehen noch wesentlich höher.

Das Gütesiegel der Marke »Echter Deutscher Honig« des Deutschen Imkerbundes – erkennbar an dem Etikett mit dem Bienenkorb – garantiert, dass der Honig ausschließlich aus Deutschland kommt. Er muss schonend gewonnen sein und darf nicht wärmebehandelt werden. Dem Honig dürfen keine Bestandteile hinzugefügt oder entzogen werden. Das bedeutet zum Beispiel, dass auch die wertvollen Pollen im Honig erhalten bleiben, die viele gesundheitsfördernden Eigenschaften besitzen. In einigen außereuropäischen Ländern

werden sie herausgefiltert, was wahrscheinlich geschieht, um die Herkunft des Honigs unkenntlich zu machen. Diese ist nämlich durch die Pollenanalyse bestimmbar.

Der Wassergehalt eines vom Deutschen Imkerbund zertifizierten Honigs muss weniger als 18 Prozent betragen. Denn wasserarmer Honig ist reifer und hat ein volleres Aroma. Alle diese Merkmale lassen sich durch Analysen im Honig nachweisen. Der hohe Qualitätsstandard von deutschem Honig wird durch regelmäßige Kontrollen des Deutschen Imkerbundes gesichert.

Für deutschen Honig spricht auch die weltweite Ausbreitung der Gentechnik. Bei einem Test der Zeitschrift »Ökotest« vom Januar 2009 stellte sich für 11 von 24 Honigen heraus, dass sie durch Gen-Tech-Pollen verunreinigt waren. Besonders stark betroffen waren Honige aus Mittel- und Südamerika, wo ein Großteil der Honigernte produziert wird. Der Anbau von Gen-Soja ist dort jedoch ebenfalls an der Tagesordnung. Alle deutschen Honige waren dagegen unbelastet.

Leider wissen viele Verbraucher nichts von der Naturbelassenheit des deutschen Honigs. Anders als beim Reinheitsgebot für Bier hat sich die herausragende Güte des Honigs noch nicht herumgesprochen. So kommt es, dass rund 95 Prozent der Imker die Bienenhaltung hierzulande als Hobby betreiben und weniger als 25 Völker besitzen, statt von der Imkerei leben zu können. Andererseits führt das zu einer unglaublichen Vielfalt verschiedener »Honiglagen«. Jede Wiese schmeckt ein bisschen anders und spiegelt die einzigartige Vegetation genau dieses Ortes wider.

Wegen des exotischen Geschmacks lohnt es sich natürlich trotzdem, auch mal einen italienischen oder australischen Honig zu probieren. Dennoch kann man nur über die Vielfalt staunen, die oft schon in der eigenen Region zu finden ist. Unter den regionalen Honigen gibt es unendlich viel zu entdecken, wenn man nur aufmerksam hinschmeckt.

Vorsicht!
Stechgefahr
Bienen!

Regionaler Honig

Am besten ist es, den Honig vom Imker um die Ecke zu beziehen. Die Gründe, die für regionalen Honig sprechen, sind vielfältig. Da sind zum einen die gesundheitlichen: Honig enthält keimhemmende Stoffe und Blütenpollen, die das Immunsystem aktivieren. In einem Teelöffel naturbelassenen Honigs finden sich 20 000 bis 100 000 Pollen. Kommt er aus der Region, enthält er exakt die Polleninformation, die man braucht – nämlich die Pollen, die man auch täglich einatmet. Diese genau passende »Pollenkur« stabilisiert die Abwehr und reduziert Allergien. Pollenallergiker sollten es ausprobieren: Naturbelassene Honige, die in einem Umkreis von rund 10 Kilometern um das Wohngebiet herum erzeugt wurden, zu essen, kann zu einer deutlichen Linderung der Allergie führen. Regionale Imker gibt es fast überall, sogar in Großstädten, wo man sie weniger wahrnimmt.

Auch die Geschmacksvielfalt von regionalem Honig ist phänomenal. Honig bildet auf ehrliche Art die botanische Vielfalt einer Region, ja sogar einer einzelnen Wiese ab. Der Duft, der einem aus dem Glas entgegensteigt, lässt den Eindruck aufkommen, man stünde mitten in der Landschaft, in der die Bienen ihren Nektar gesammelt haben. Der Geschmack des Honigs aus der nahe gelegenen Imkerei vermittelt das Gefühl, zu Hause zu sein. Ein guter Grund regionalen Honig zu kaufen, kann also auch das Interesse für die Landschaft, in der man lebt, sein. Über die sensorischen Eindrücke, die man mit dem Honig erfährt, nimmt man diese vielleicht ganz neu wahr.

Besonders regionale Mischhonige – etwa ein Sommerblütenhonig – bilden die Landschaft sinnlich ab. Denn sie vereinen all ihre Gerüche in sich. Sortenhonige – wie etwa Akazien- oder Orangenblütenhonig – sensibilisieren eher für eine bestimmte Pflanze. Auch Jahreszeit und Witterung spielen eine wichtige Rolle. Die Frühjahrsernte eines Imkers unterscheidet sich deutlich von der Sommerernte. Und: In einem Jahr kann der Honig von ein und demselben Imker anders schmecken, als im folgenden.

Das Aroma, die Konsistenz und die Farbe regional erzeugter Honige variieren also je nach Lage, Jahreszeit und Erntejahr. Ihre Vielfalt zu entdecken, eröffnet eine neue, süße Honigwelt. Daher ist es ein so großer Verlust, dass es jährlich rund 35 000 Bienenvölker weniger gibt. Nur die flächendeckende Präsenz der Imker in Deutschland garantiert den Erhalt der Geschmacksvielfalt, der Bestäubungsleistung und des gesundheitlichen Wertes des Honigs.

Bio-Honig

Honig gehört zu den wenigen Produkten, bei denen es kaum einen Unterschied macht, ob man zu Bio-Erzeugnissen greift. Vorausgesetzt, es handelt sich um deutschen Honig. Denn die Naturbelassenheit deutscher Honige wird so streng kontrolliert, dass bei Analysen kaum Unterschiede zwischen Bio-Honigen und solchen, die mit dem Siegel des Deutschen Imkerbundes gekennzeichnet sind, auszumachen sind. So wurden in einer Untersuchung der Landwirtschaftskammer Nordrhein-Westfalen Bio-Honige und Honige mit dem Siegel des Deutschen Imkerbundes auf Rückstände untersucht – die Ergebnisse waren nahezu identisch.

Dennoch ist das Bio-Siegel noch an einige zusätzliche Auflagen gebunden. So dürfen die Behausungen der Bienenvölker ausschließlich aus Holz bestehen, die Bienenkästen dürfen nur von außen mit schadstofffreien Farben gestrichen sein und die Bienenvölker müssen an Feldern leben, deren Bepflanzung überwiegend kontrolliert biologisch ist.

Eine vollkommen ökologische Bewirtschaftung können in Europa jedoch auch die Bio-Imker nicht garantieren – dazu liegen die Felder zu dicht beieinander. So heißt es in den Honig-Richtlinien von Demeter, Naturland und Bioland: »In einem dicht besiedelten und hoch industrialisierten Land Mitteleuropas ist es für den Imker nur in Ausnahmefällen möglich, seine Bienen ausschließlich in naturbelassenen oder ökologisch bewirtschafteten Flächen weiden zu lassen.«

Hinzu kommt, dass viele Imker in Deutschland ihr Hobby ohnehin aus Naturverbundenheit betreiben. Sie richten sich nach den Bio-Richtlinien, ohne zertifiziert zu sein. Das Bio-Siegel kostet viel Geld und muss jährlich erneuert werden. Gerade Freizeitimker mit wenigen Völkern schrecken darum oft vor der Zertifizierung zurück.

Rein biologischen Honig wird es aufgrund der hier betriebenen Intensiv-Landwirtschaft in Deutschland wohl nicht geben, obwohl die meisten Imker ihre Bienen naturgemäß halten. Nur die komplette Umstellung auf eine naturnahe und biologische Bewirtschaftung könnte etwas daran verändern.

Ganz anders stellt sich die Situation bei Honig aus aller Welt dar. Hier ist die Bio-Zertifizierung ein wichtiger Hinweis auf die Reinheit des Produkts. Sie garantiert, dass nichts außer Honig im Glas ist und auf die chemische Bekämpfung von Schädlingen verzichtet wurde.

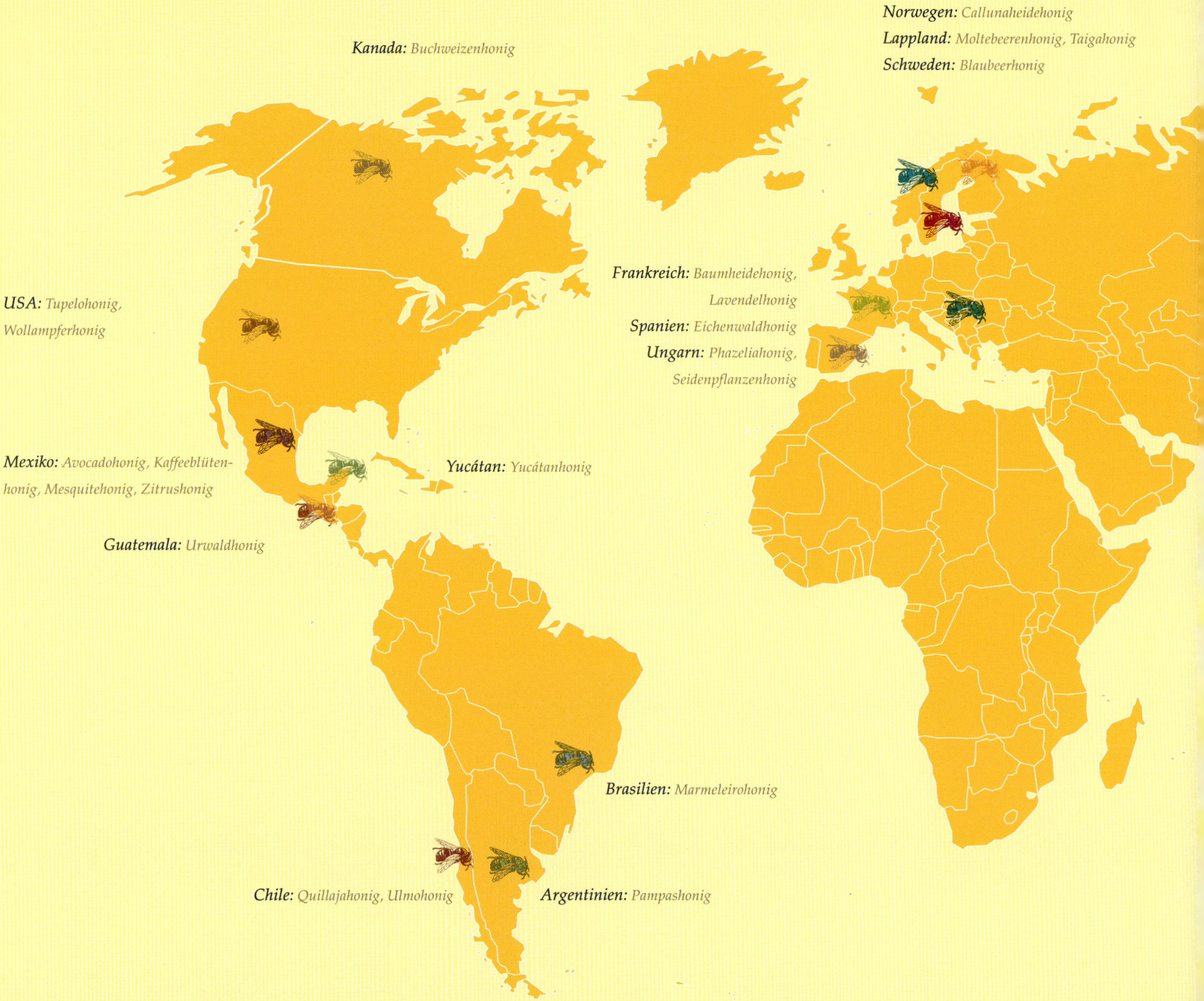

Kanada: *Buchweizenhonig*

Norwegen: *Callunaheidehonig*

Lappland: *Moltebeerenhonig, Taigahonig*

Schweden: *Blaubeerhonig*

USA: *Tupelohonig, Wollampferhonig*

Frankreich: *Baumheidehonig, Lavendelhonig*

Spanien: *Eichenwaldhonig*

Ungarn: *Phazeliahonig, Seidenpflanzenhonig*

Mexiko: *Avocadohonig, Kaffeeblüten-honig, Mesquitehonig, Zitrushonig*

Yucátan: *Yucátanhonig*

Guatemala: *Urwaldhonig*

Brasilien: *Marmeleirohonig*

Chile: *Quillajahonig, Ulmohonig*

Argentinien: *Pampashonig*

Russland: *Bashkirhonig*

Vietnam: *Litschihonig*

Australien: *Eukalyptushonig*

Tasmanien: *Leatherwoodhonig*

Neuseeland: *Borretschhonig, Kamahihonig,*
Kürbisblütenhonig, Manukahonig, Tawarihonig

Honigvielfalt weltweit

Überall auf der Welt gewinnen Bienen köstliche Honige aus dem Nektar und Honigtau, den ihnen die Natur bietet. Stellvertretend für die unzähligen Sorten und Aromen sollen hier einige besondere Honige vorgestellt werden. Natürlich findet man einige Honige auch in anderen Ländern, als den hier genannten.

Avocadohonig Aus den Blüten des Avocadobaums entsteht im tropischen Mexiko ein fruchtig-kräftiger, sehr aromatischer Honig, der nach Pflaumen und Backobst duftet.

Baumheidehonig Die Baumheide wächst in den französischen Pyrenäen. Sie hat weiße Blüten, die im Mai warm nach Karamell duften. Der seltene Honig, der daraus entsteht, ist blumig und nuancenreich mit Noten von Marzipan und Kokos.

Bashkirhonig Dem Bashkirhonig, den die Bienen aus dem Nektar von über 37 wild wachsenden Heilkräutern produzieren, wird sogar eine höhere antioxidative Wirkung zugesprochen als dem Manukahonig. Er soll so gut tun, dass ihn angeblich sogar die Kosmonauten in die Internationale Raumstation geliefert bekommen.

Blaubeerhonig Nördlich des Polarkreises wird dieser pfirsichfarbene Honig gesammelt, dessen Aromen an Aprikose und Schokolade erinnern.

Borretschhonig Die warmen Berghänge Neuseelands bieten den Bienen optimale Bedingungen aus den blauen Blüten des Borretschs hellen, mildaromatischen Honig mit wenig Süße zu machen.

Buchweizenhonig Der Buchweizenhonig entsteht aus den rosa blühenden Buchweizenfeldern Kanadas. Der dunkelbraune bis schwarze Honig hat ein kräftiges, rustikales Aroma und schmeckt nicht allzu süß.

Callunaheidehonig Die Heidegebiete Norwegens sind vor allem durch die Calluna (Besenheide) geprägt. Der rotbraune Honig zeichnet sich durch ein harmonisches, kräftiges Aroma aus.

Eichenwaldhonig Der leicht malzige Eichenwaldhonig wird in den einsamen Korkeichenwäldern der spanischen Extremadura gewonnen.

Eukalyptushonig Dieser Honig entsteht nicht nur aus den Blüten des Eukalyptusbaumes, sondern auch aus dessen Honigtau. Dunkel, cremig und hocharomatisch!

Kaffeeblütenhonig Das feine Aroma der Blüten des Kaffeebaums setzt sich bis in den Honig fort und macht diesen streichzarten, cremigen Honig so interessant.

Kamahihonig Der zitronengelbe, zartcremige Kamahihonig wird aus den Blüten des neuseeländischen Kamahibaums gewonnen. Der Kamahihonig hat einen süßen, leicht buttrigen Geschmack.

Kürbisblütenhonig Auf der Nordinsel Neuseelands wachsen ganze Felder voller Kürbisse. Der Honig aus den Blüten ist fast weiß, cremig und weist Aromen von Kräutern und Holz auf.

Lavendelhonig Bei lilablauen Lavendelfeldern denkt man unweigerlich an die Provence. Von dort stammt dieser seltene, cremig-weiche Honig mit dem mildblumigen Aroma.

Leatherwoodhonig Der immergrüne Lederbaum wird bis zu 20 Meter hoch und wächst in den unberührten Regenwäldern Tasmaniens. Der hocharomatische Honig hat eine cremige Konsistenz.

Litschihonig In den wilden Regionen Vietnams sammeln Bienen den Nektar des gelb-weißlich blühenden Litschibaums. Der flüssige, hellgelbe Honig fängt die fruchtige Frische der Litschis ein, er schmeckt leicht bonbonartig.

Manukahonig Dem kräuterig-herben Manukahonig wird eine hohe antibiotische Wirkung nachgesagt. Der Manukabaum wird auch »roter Teebaum« bzw. »neuseeländischer Teebaum« genannt.

Marmeleirohonig Der üppige Marmeleirobaum stellt eine der ersten und wichtigsten Trachten dar. Er blüht nach dem großen Regen im brasilianischen Frühjahr. Vor allem im Nordosten des Landes ist diese Honigsorte beliebt. Der Honig des Marmeleirobaums ist cremig, hellgelb bis leicht bräunlich, mildaromatisch und hat eine blumige, leicht fruchtige Note.

Mesquitehonig Der helle, cremige, liebliche Honig vom Mesquitebusch

aus den Wüstengebieten Mexikos ist sehr rein und hat ein feinblumiges Aroma.

Moltebeerenhonig Der Honig aus den Blüten der Moltebeeren ist einer der seltensten Honige der Welt! Er ist urig-fruchtig im Geschmack, rotgolden in der Farbe und flüssig in der Konsistenz.

Pampashonig Die Weidesteppe Argentiniens heißt Pampa – von dort stammt dieser milde, feincremige Honig.

Phazeliahonig Leuchtendlila Blüten und ein lieblicher Duft locken die Bienen im Spätsommer an die Phazelia-felder. Daraus entsteht ein flüssig bis cremiger, feinblumiger Honig.

Quillajahonig Der Quillajahonig entsteht aus den weißen Blütenständen der Quillay-Bäume, die in den Urwäldern der chilenischen Andenregion wachsen. Die pikante Mischung aus süßen und herben Aromen machen ihn zu einer echten Spezia-lität.

Seidenpflanzenhonig Mit seinem mildblumigen Aroma fängt der helle Seidenpflanzenhonig den Sommer von Ungarns Graslands ein, auf dem die statt-lichen Heilpflanzen wachsen.

Taigahonig Die Einmaligkeit der Natur der Polarkreisregion lässt einen nahezu unkristallinen Honig entstehen. Waldweidenröschen und Lapplands Wild-blüten verleihen dem goldenen Honig ein fein-säuerliches Beerenaroma.

Tawarihonig Auf der Nordinsel Neuseelands ist der bis zu vier Meter hohe Tawaristrauch zu Hause. Der daraus gewonnene Honig ist milchig bis weiß und hat eine milde Süße.

Tupelohonig Der aus Florida stam-mende Tupelohonig verbindet eine feine Süße mit würzigen Aromen. Er ist hellgold mit einem grünlichen Schimmer.

Ulmohonig Den dunkelgelben, cremigen, nach Anis schmeckenden

Honig gewinnen die Bienen aus dem Nektar des Ulmobaums. Der mächtige Waldbaum wächst ausschließlich im gemäßigten Regenwald Chiles.

Urwaldhonig In dem hellen, cremigen, lieblichen Urwaldhonig schmeckt man die Urwaldvegetation Guatemalas.

Wollampferhonig Der Wollampfer gedeiht besonders gut im sonnigen, warmen Klima Kaliforniens. Aus seinem süß duftenden Nektar entsteht ein bern-steinfarbener, zähflüssiger Honig mit ausgeprägtem Aroma.

Yucátanhonig Die Halbinsel Yucátan trennt den Golf von Mexiko vom karibischen Meer. Der dunkelgelbe bis braune, cremige Honig hat ein fliederartiges und tropisches Aroma.

Zitrushonig Die weißen Blüten der Zitronen- und Orangenplantagen Mexikos bringen einen flüssigen, feinfruch-tigen Honig hervor.

Zu Besuch ...

... bei der Imkerin

Der Duft des frischen Honigs erfüllt den ganzen Raum. Es ist Mai. Die Imkerin Marianne Kehres befreit jede Honigwabe mit einer Entdeckelungsgabel von ihren Wachsdeckelchen. Danach wird der Honig in der Honigschleuder mit Zentrifugalkraft aus den Waben gelöst und fließt goldgelb in den bereitgestellten Eimer – ein sinnlicher Augenblick.

Die kleine Imkerei von Marianne Kehres liegt in Nordrhein-Westfalen, in einem bergischen Weiler zwischen Overath und Much. Im Flugradius der Bienen finden sich Wiesen und Weiden, Laub- und Mischwälder. »Ich bewirtschafte zusätzlich einen Garten mit großen, artenreichen Staudenbeeten sowie einen Bauerngarten als Nutzgarten«, erzählt Kehres. Eine kleine Streuobstwiese ergänzt das Nektarangebot für ihre Bienen.

So vielfältig wie die Landschaft rund um die Imkerei sind auch die Mischhonige von Kehres: Nach halbfeuchtem Laub, einer Wiese im frühen Morgentau, nach Heu und warmem Holz duftet die Frühjahrsblüte. Das Mundgefühl des cremig gerührten Honigs ist samtig weich und geschmeidig. Das Aroma überrascht durch einen unglaublichen Nuancenreichtum, dem jede vordergründige Süße fehlt. Lieblich und kraftvoll, blumig und fruchtig kommt der Geschmack daher.

Die Sommerblüte aus dem gleichen Jahr hat einen völlig anderen Charakter – denn im Sommer stellen in der gleichen Landschaft ganz andere Pflanzen ihren Nektar zur Verfügung. Man schmeckt volle Zitrusnoten, die an Limone, Zitronengras und Minze erinnern. Im Abgang kommt eine malzige Note hinzu. Der Eindruck ist dunkel, vollfruchtig,

reif, sodass man sich fühlt wie an einen Sommerabend, an dem die Luft nicht mehr kühl und der Duft der warmen Pflanzen allgegenwärtig ist.

»Honig ist wie ein guter Wein«, sagt Kehres. »Konsistenz, Geschmack und Aroma variieren für jeden Standort je nach Jahrgang und Jahreszeit der Ernte.« Wie beim Wein gibt es auch so etwas wie Anbau und Ausbau. Wobei für den Ausbau nicht der Imker zuständig ist, sondern die Bienen. Die Sensorik eines Honigs hängt nicht nur von den zur Verfügung stehenden Pflanzen ab, sondern auch von den Stoffen, die durch enzymatische Vorgänge während des Reifeprozesses daraus gebildet werden. »Deswegen schmeckt frisch geschleuderter Honig eher unreif und flach«, erläutert Kehres. »Er hat wenig Körper und ist betont süß – ganz anders als der fertig auskristallisierte Honig, der später daraus entsteht.«

Auch das Wetter spielt eine wichtige Rolle. »Pflanzen ´honigen´ witterungsabhängig«, so Kehres. »Auf diese Weise entstehen beim Honig Geruchs-, Geschmacks- und Farbkombinationen in immer neuer Variation, wie es Natur, Klima, Boden und Jahreszeit Jahr für Jahr neu bestimmen – ganz unabhängig von uns Imkern.«

»Auch die Sommerhonige zwei aufeinanderfolgender Jahre können völlig unterschiedlich ausfallen«, gibt die Imkerin ihre Erfahrung weiter. »Im vorigen Jahr honigte der Weißklee der umliegenden Wiesen wie schon lange nicht mehr. Klee benötigt zur Nektarproduktion eine gute Bodenfeuchte und Lufttemperaturen über 23 °C. Ein fruchtiger Honig mit wenig Süße war das Ergebnis. Im Sommer davor, der trocken und warm war, dominierte sensorisch der Wald, weil kein Regenschauer den süßen Honigtau von Blättern und Nadeln spülte. So bekamen wir in Kombination mit dem Nektar von Brombeeren, Kastanien und Kräutern einen herb-würzigen Sommerhonig.«

Kehres ist überzeugt: Diese wunderbare Geschmacksvielfalt kann nur durch die flächendeckende Präsenz regionaler Imker gesichert werden kann. Daher ist es so wichtig, den Imkereinachwuchs zu fördern und die Freizeitimker bei der Vermarktung ihres Honigs zu unterstützen. Denn wenn sich die Imkerei nicht mehr rechnet, führt das zur Reduzierung der Völkerzahl.

Die Imkerin ist im Landesverband Rheinland des Deutschen Imkerbundes für die Nachwuchsförderung zuständig und setzt sich für den Vertrieb regionaler Honigsorten im Supermarkt ein. Ihr Vermarktungskonzept beruht auf einem Zusammenschluss kleiner Imkereien in Honiggemeinschaften und wurde von Slow Food als beispielhaftes Lebensmittelbündnis anerkannt. In der weltweiten Vereinigung Slow Food haben sich bewusste Genießer und mündige Konsumenten zusammengeschlossen, um sich für das traditionelle Lebensmittelhandwerk und den Erhalt regionaler Geschmacksvielfalt einzusetzen.

»Für die einzelnen Freizeitimker lohnt es sich nicht, ihre Honigernte Supermärkten anzubieten, denn der Ertrag durch die wenigen Bienenvölker ist gering und die Lieferung könnte nur unregelmäßig erfolgen«, sagt Kehres. »Durch den Zusammenschluss in Honiggemeinschaften können verschiedene Imker einer Region ihren Honig gemeinsam vermarkten. Den Kunden wird unter dem gemeinsamen Logo ‚Honigland‘ die ganze Vielfalt der Honige ihrer Region angeboten, die sich geschmacklich deutlich unterscheiden. Ziel ist es, Honig anzubieten, die nicht mehr als etwa 10 Kilometer im Umkreis des Supermarktes erzeugt wurden.«

Kehres Projekt wird von »Apis e.V.«, dem Verein zur Förderung der Bienenkunde der Landwirtschaftskammer Nordrhein-Westfalen, unterstützt. Welche Supermärkte die Pro-

Im Garten von Marianne Kehres

dukte der Hobbyimker unter dem Logo »Honigland« anbieten, kann man über die örtlichen Landesverbände des Deutschen Imkerbundes erfragen.

Marianne Kehres
Növerhof 7
53804 Much
www.sommerbluete.de

»Honiggemeinschaft regionaler Imker« auf der Internetseite des Vereins zur Förderung der Bienenkunde der Landwirtschaftskammer Nordrhein-Westfalen »Apis e.V.«: www.honigland.org

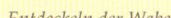

Entdeckeln der Wabe

… bei der Spezialitäten-imkerin

»Irgendwann habe ich mir auf ein Honigbrot etwas Zimt ge-streut und fand das toll. Als ich Jahre später Imkerin wurde, habe ich mich daran erinnert«, erzählt Christiane Brauns. Die ökologische Imkerei, die sie seit über 15 Jahren betreibt, liegt in Wiesenbronn bei Kitzingen im Herzen des Franken-landes.

Natürlich bietet Brauns ihre naturbelassenen Honige auch so pur an, wie sie die Bienen kreiert haben. Ergänzt wird ihr Angebot aber durch Honigspezialitäten, die sie nach eige-nen Rezepten mit Gewürzen, Essenzen oder Blüten ver-feinert.

Da gibt es z. B. Honig mit Zimt, Kardamom, Ingwer, Chili und Paprika, aber auch Orangen- und Zitronenhonig. »Die Gewürze werden in den Honig gerührt, bevor er fest wird«, beschreibt Brauns das Verfahren. »Für den Zitronen- oder Orangenhonig verwende ich Essenzen, die aus den Schalen der Zitrusfrüchte gewonnen werden.«

In ihren zarten, blumig-duftigen Rosenblütenhonig gibt die Imkerin zerkleinerte Blüten von Damascena-Duftrosen. »Sie

können tiefrot, blassrosa oder gelb sein«, schwärmt Brauns, sodass der Honig auch optisch eine sinnliche Überraschung ist.

»Ideen zu neuen Kreationen speichere ich zunächst im Gedächtnis ab. Wenn ich dann eine kreative Phase habe, besorge ich mir die neuen Zutaten«, erzählt Brauns. »Ich probiere ein, zwei neue Mischungen aus, meist in mehreren Gläsern mit verschiedenen Konzentrationen.« Wichtig sei es dabei, an verschiedenen Tagen zu probieren, denn man habe nicht jeden Tag das gleiche Geschmacksempfinden, ergänzt sie.

Beim Erfinden neuer Honigspezialitäten habe sie Kombinationen entdeckt, die gar nicht gehen, berichtet die Imkerin. So habe sie sich etwa von Wachholderbeeren viel versprochen, denn ihr harzig-fruchtiges Aroma hätte eigentlich die perfekte Ergänzung zu Honigtauhonig sein müssen. »Es roch und schmeckte staubig, fischig, salzig – wie getrocknete Seesterne«, erzählt sie und lacht.

»Ansonsten ist Honig ein dankbarer Mischpartner«, so die Imkerin. »Es ist erstaunlich, was alles passt: würzige, blumige, frische, fruchtige, harzige und scharfe Noten.«

Nur aus kontrolliert biologischem Anbau müssen die Zutaten sein. Denn die Imkerei arbeitet schon seit Jahren nach den ökologischen Richtlinien des Naturland-Verbandes. Was für den Honig gilt, soll auch für die anderen Aromen gelten. Einige Honigsorten, die Brauns eigentlich gerne im Angebot hätte, sind daher derzeit noch nicht machbar. So gibt es etwa Jasminblüten nur aus konventionellem Anbau.

Vom Gewürz ausgehend sucht die Imkerin den richtigen Honig für die Kombination aus. Fruchtige Honige, wie sie die Sommerblüte oft hergibt, passen gut zu fruchtigen Zusätzen, wie etwa Zitronenessenz. Für zarte Aromen, wie das der Rosenblüten, sind dagegen Sommerhonige zu dominant. Sie lassen sich besser mit Frühlingsblütenhonig kombinieren.

Wichtig ist der Imkerin, dass der Honiggeschmack nicht von den Zusätzen überlagert wird; die Gewürze sollen eher eine zusätzliche Komponente einbringen, wie bei einem Kochrezept. »Deswegen habe ich bei mehreren Sorten die Gewürzmenge zurückdosiert, etwa beim intensiven Zimt- und Rosmarinhonig«, erzählt Brauns. Ihr Honig soll vielen gefallen, es aber nicht allen recht machen. Denn wie bei Kaffee oder Schokolade gibt es beim Honig den Trend zu zusätzlichen Gewürzen und andererseits den, ein aromenreiches Produkt möglichst pur zu genießen.

»Man soll den Honig noch schmecken«, entscheidet Brauns, die die natürliche Aromenvielfalt ihres Honigs niemals komplett durch andere Zutaten überdecken würde. Anderseits habe sie durch die gewürzten Honige auch Kunden gewonnen, die zuvor keinen Honig mochten oder solche, die sich durch die mit natürlichen Zutaten kombinierten Honige zum Kochen inspirieren lassen.

So bereichert der pfefferig-scharfe Chili-Paprika-Honig pikante Salatsaucen. Der harzig-kamphrige Rosmarin-Honig wird gern auf Käse genossen. Auf einen Braten gestrichen ergibt Rosmarin-Honig eine knusprige, leicht süßliche Kruste. Blütenhonig mit Kaffee und Vanille ist in heiße Milch gerührt ein Traum. Pfefferminzhonig passt zu schwarzem Tee. Nicht verwunderlich ist auch, dass Kardamomhonig das perfekte Süßungsmittel für Milchkaffee ist – schließlich gibt man im arabischen Raum gern ein wenig Kardamom auf den Kaffee.

Eine weitere Besonderheit in Brauns Angebot ist der trockene Honigwein. Honigwein – auch Met genannt – gilt als das älteste alkoholische Getränk der Welt. Aus einem Teil Honig und zwei Teilen Wasser, die man mit Reinzuchthefe ansetzt, wird Met hergestellt.

»Ich nutze für die Herstellung des Honigweins den Keller eines befreundeten Winzers. Dort ist die Technik vorhanden, die für eine saubere Bereitung notwendig ist«, sagt Brauns. Drei Wochen muss der Met bei 20 bis 21 °C im Gärtank liegen, bis die Gärung bei etwa 6 bis 8 Gramm Restzucker vollzogen ist. Dann wird er von der Hefe gezogen und noch etwa eine Woche auf die Feinhefe gesetzt. Honigwein kann nachträglich mit Zucker nachgesüßt werden. Der trockene Honigwein, wie ihn Brauns erzeugt, hat nur etwa 15 bis 18 Gramm Restzucker; ab über 50 Gramm Restzucker pro Liter gilt er als süß.

Auch eine liebliche Honigweinvariante ist im Angebot der Imkerei. Beide Sorten Met ergänzt Brauns durch etwas Zitronensäure. »So wird der Honigwein pikanter. Er ist sonst sehr weich und breit«, sagt die Fachfrau. Auch das Schwefeln hält sie bei Honigwein für unumgänglich. Denn besonders der liebliche Honigwein ist noch instabiler als Wein aus Trauben. Ungeschwefelt kann er sich in der Flasche oder auch innerhalb weniger Minuten im Glas verändern, berichtet Brauns aus ihrer Erfahrung: »Ich habe mehrfach ungeschwefelten Met probiert, den ich im ersten Augenblick sehr gut fand. Einen Moment später war er völlig verändert und zeichnete sich vor allem durch eine vordergründige breite Süße aus.«

Der trockene Honigwein von Brauns ist ein leichter, frischer Sommerwein mit dezentem Honigaroma. Ein wunderbarer Aperitif oder Begleiter zu Käse, der auch durch seinen moderaten Alkoholgehalt von 11 bis 11,5 Prozent überzeugt. Der liebliche Met der Imkerin ist ein sanfter, pikanter Dessertwein oder Degustiv – vielleicht nach einem Essen, das mit Rosmarin-, Haselnuss- oder Chili-Paprika-Honig verfeinert wurde.

Ökologische Imkerei Christiane Brauns
Koboldstr. 10
97355 Wiesenbronn
www.honigschaetze.de

Familie Breitsamer vor einem Bienenhaus

Robert Breitsamer mit der
bayerischen Honigkönigin (2009)

Der Milchladen in München, mit dem alles begann.

… im Familienbetrieb

Mit einem Milchladen im Münchner Stadtteil Haidhausen hat alles angefangen. Johann Breitsamer verkaufte dort ab 1935 zusätzlich zur Milch den Honig aus familieneigener Imkerei. Bald wurde die Nachfrage nach dem Honig so groß, dass die Imkerei ausgebaut werden konnte. Ab den 1950er Jahren kaufte man Honig von anderen Imkern hinzu und Breitsamer wurde zu einem der wichtigsten Honigabfüller Deutschlands. Seit drei Generationen dreht sich in dem Familienbetrieb alles um Honig.

Die Liebe zum Produkt ist in den ganzen Jahren erhalten geblieben. Das merkt man an der nachhaltigen Arbeitsweise: Mit manchen Imkern arbeitet das Unternehmen schon seit drei Jahrzehnten zusammen. Auch die für ihre Zeit immer wieder innovativen Ideen des Familienbetriebes sind bemerkenswert. Geschäftsführer Robert Breitsamer gibt ein Beispiel: »In den 1970er Jahren haben wir in Deutschland erstmalig feincremigen Honig angeboten, der bis dahin nur in den USA beliebt war«, erzählt er.

»Die feincremige Konsistenz erhält man dadurch, dass der kristallisierte Honig schonend und kühl gerührt wird. Dabei werden die Kristalle immer kleiner gebrochen, bis die gewünschte Cremigkeit erreicht ist. Wie lange das dauert und ob ein Honig sich überhaupt zum Cremigrühren eignet, kommt auf die Sorte an. Rapshonig ist von Natur aus sehr fest und muss daher länger gerührt werden, als zum Beispiel Sonnenblumenhonig. Akazienhonig cremig zu rühren wäre nicht möglich, weil er von Natur aus flüssig ist«, erklärt Breitsamer den Vorgang.

Selbstverständlich wird der Honig nicht erhitzt, wie manche befürchten. »Die wertvollen natürlichen Inhaltsstoffe würden bei über 40 °C zerstört werden«, so Breitsamer. Und ebenso selbstverständlich wird ihm auch nichts hinzugefügt oder entzogen. »Wir arbeiten strenger, als es die deutsche Honigverordnung vorschreibt«, garantiert der Honigspezialist.

»Wir belassen das Naturprodukt so wie es von unseren Vertragsimkern geliefert wird. Dann entsteht, vergleichbar mit einer Cuvée beim Wein, auch bei Honig durch die Komposition verschiedener Honige eine etwa gleichbleibende Charakteristik«, definiert Breitsamer seine Rolle als Abfüller. Die Honige werden von Vertragsimkern aus Deutschland oder Europa eingekauft und für bestimmte Sorten, wie den »Guten-Morgen-Honig«, nach hauseigenen Rezepten miteinander gemischt. So wird ein Frühstückshonig kreiert, wie er von den meisten Verbrauchern gewünscht wird: Goldgelb, klar, flüssig und relativ neutral süß fließt er auf das Brötchen oder in den Tee. Für die unterschiedlichen Abnehmer ist er in

verschiedenen Verpackungsgrößen im Angebot – etwa die 20-Gramm-Portion für die Gastronomie oder das 500-Gramm-Glas für den Endverbraucher.

Auch Sortenhonige, die vorwiegend aus einer Pflanze gewonnen werden, wie zum Beispiel Akazien-, Lindenblüten- oder Kastanienhonig, sind bei anspruchsvollen Verbrauchern bekannt und als besonderer Geschmack beliebt. Weniger bewusst ist den meisten dagegen die wunderbare Vielfalt regionaler Landschaftshonige, die wie eine ganze Blumenwiese schmecken können. Robert Breitsamer leistet Pionierarbeit, um solche Honige dem Verbraucher näherzubringen. »Wir sind auf der Suche nach Sortenvielfalt und dem individuellen Geschmack der Landschaften«, sagt er.

In einer neuen Produktlinie bietet Breitsamer daher regionale Honigspezialitäten an, »Terroir-Honige« in kleinen Metalleimerchen, die aus verschiedenen Regionen Deutschlands kommen. Die Honige spiegeln den Charakter der unterschiedlichen Landschaften. Denn das Klima, der Boden und die Blütezeit der Herkunftsregion prägen den Geschmack, den Duft und die Konsistenz des Honigs wie bei

einem Wein. So gibt es zum Beispiel Honige aus dem Alten Land bei Hamburg, aus Berlin oder vom Bodensee.

Für die regionalen Honige verwendet Breitsamer den charakteristischen Honig von einem, höchstens zwei Imkern einer Region. Zwischen Breitsamers »Regionalen« und einem Honig vom Imker aus der Nachbarschaft besteht also kein Unterschied. »Außer, dass wir die Honige nochmals kontrollieren«, erklärt Breitsamer. »So messen wir zum Beispiel die Enzyme, die uns über Wärmeschäden oder Alterung Auskunft geben. Wir sehen, wie lange der Honig geschleudert wurde oder ob er in der Sonne gestanden hat.«

Der Ertrag dieser reinen, authentischen Landschaftshonige ist gering und zudem ernteabhängig, die Lieferung einer bestimmten Region kann nicht immer garantiert werden. »Wir haben schon seit Langem nach einer Möglichkeit gesucht, solche Honigspezialitäten trotzdem im Supermarkt anzubieten«, so Breitsamer. Die Lösung scheint jetzt gefunden zu sein: Die Honige werden in drei »Geschmackstypen« eingeteilt, die mit drei verschiedenen Farbcodes gekennzeichnet werden – gelb, orange/bernsteinfarben und grün.

»Ähnlich wie man Weine in Rot, Weiß und Rosé einteilt, unterscheiden wir beim Honig drei Gruppen, die in Farbe, Aroma und Konsistenz deutlich voneinander abweichen«, beschreibt Breitsamer das Konzept. Gelb steht für hellgelbe, cremige Honige mit mildem Geschmack, wie der regionale Honig von der Mecklenburgischen Seenplatte oder aus dem Naturpark Altmühltal. Der orange Farbcode wird für bernsteinfarbene, sämige Honige mit lieblichem Aroma verwendet, wie der Honig aus dem Alten Land oder aus dem Chiemgau. Dunkel und dickflüssig, würzig und aromatisch sind die grün markierten Honige, wie der aus dem Naturpark Schwarzwald oder dem Naturpark Bayrischer Wald.

»Im Supermarkt stehen immer alle drei Honigtypen zur Auswahl, die Regionen wechseln je nach Ernte und Verfügbarkeit«, sagt Breitsamer. Auf diese Weise ist es möglich, Lieferschwierigkeiten der Imker aufzufangen und dem Rhythmus der Natur zu folgen. »Wenn wir es schaffen, den deutschen Honig zu stärken und dessen regionale Geschmacksvielfalt bekannt zu machen, wird auch der Beruf des Imkers wieder attraktiver«, formuliert Breitsamer den Wunsch des Familienunternehmens, das auch Abfüllstelle des Deutschen Imkerbundes ist.

Breitsamer Honig
Berger-Kreuz-Str. 28
81735 München
www.breitsamer.de

Das Geheimnis des Geschmacks

Fig. 235. Apokarpes Gynaeceum. *a* von Ranunculus flammula (dreifach vergrössert), *b* von Sparganium (natürliche Grösse).

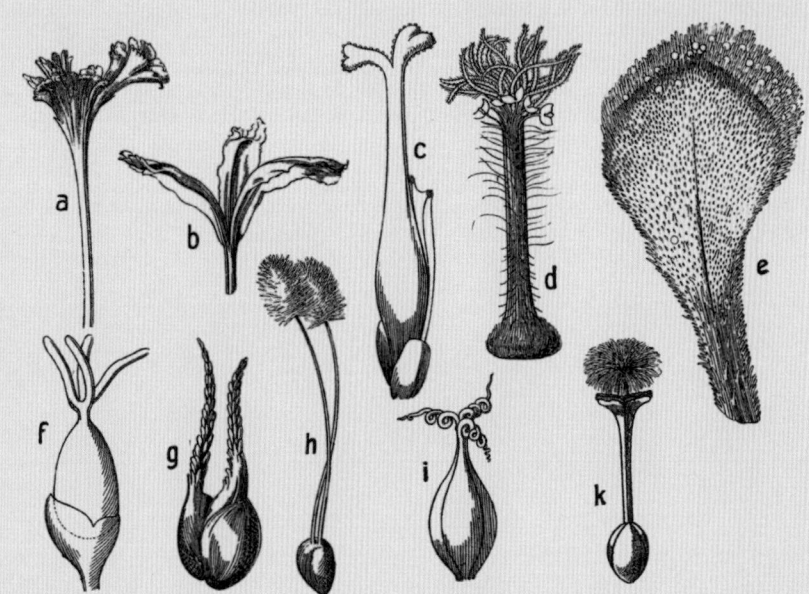

Lage, Vegetation, Witterung und der Wechsel der Jahreszeiten – viele Komponenten bestimmen das Aroma des Honigs. So variiert der Geschmack eines Misch-honigs von Saison zu Saison.

Dennoch lassen sich die Kriterien, von denen die Ent-wicklung der Aromen abhängt, beschreiben. Auch die einzelnen Pflanzen haben eine sortentypische Ausprä-gung: Ein Akazienhonig wird niemals wie ein Wald-honig schmecken. Wer jedoch weiß, wie sie entstehen, welche Farbe und welcher Geschmack für sie typisch ist, wird sie nicht mehr verwechseln.

Honig im Wandel der Jahreszeiten

Die Aromenvielfalt des Honigs ist enorm: Je nach Lage, Tracht und Jahreszeit schmeckt der Honig ein und desselben Imkers immer ein bisschen anders. So können im Frühjahr im Nordrhein-Westfälischen Much, der Region der Imkerin Marianne Kehres, zum Beispiel Kirschblüten, Raps, Ahorn, Kastanie oder Löwenzahn den Charakter des Honigs bestimmen.

Bei der Sommerernte des gleichen Jahres dominieren dagegen Linde, Akazie, Himbeere oder Brombeere – wodurch der Honig frischer und fruchtiger schmeckt. Im Sommer spielt auch der Honigtau eine wichtige Rolle. Der Waldhonig, der daraus entsteht, ist sehr mineralstoffhaltig und bringt malzige, karamellige Aromen ins Spiel.

Honig ist abhängig von den Witterungsbedingungen – und gerade das macht ihn so spannend wie Wein. Am Geschmacksbild des Honigs lässt sich die Temperatur und Vegetation eines bestimmten Jahres nachvollziehen.

Rund 150 verschiedene Aromen sind für Honig nachgewiesen. Aus dem wechselnden Nektarangebot ergeben sich immer neue Kombinationen. Wie beim Wein verändert sich der Geschmack des Honigs von einem Erntejahr zum nächsten.

Doch auch die Konsistenz kann variieren. Ist es zum Beispiel im Frühjahr besonders heiß und trocken, kann das dazu führen, dass der Honig fester wird als sonst. Der Einfluss der Natur auf den Honig ist ganz unmittelbar.

So ist es fast unmöglich, das Geschmacksprofil der einzelnen Mischhonige genau vorherzusagen. Jede Landschaft hat ihren immer wiederkehrenden, eigenen Charakter und Pflanzen, die ihn immer wieder bestimmen. Eine Regel gibt es vielleicht doch: Das Aroma von Blütenhonig ist meist etwas komplexer als das eines Honigtauhonigs, denn der Blütennektar ist »geschwängert« von den pflanzeneigenen Duftstoffen.

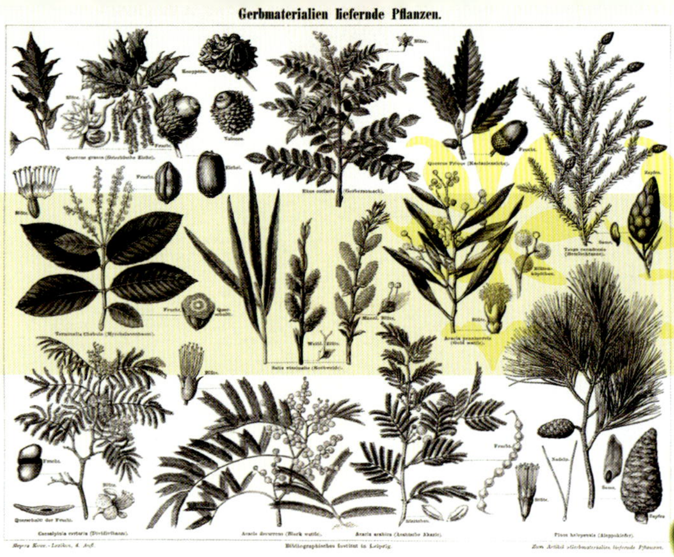

Wie die Pflanzen schmecken

Je nachdem, welche Blüten besucht wurden, unterscheiden sich Blütenhonige in Farbe, Konsistenz, Geruch und Geschmack. Schon bei einer Auswahl der beliebtesten deutschen Blütenhonige zeigen sich enorme Aromenunterschiede:

AKAZIENHONIG

Ende Mai bis Anfang Juni treiben die malerisch weißen Blüten der Robinie aus. Nicht aus der Akazie, sondern aus der Robinie, die auch Scheinakazie heißt, machen die Bienen den Akazienhonig. Er ist flüssig, hell und klar, schmeckt ausgesprochen mild, intensiv süß und ansonsten fast geschmacksneutral. Daher eignet er sich hervorragend zum Süßen von Speisen, die man nicht mit einem geschmacklich dominanten Honig würzen möchte. Akazienhonig ist auch im Tee, auf Joghurt, Früchten oder Müsli beliebt.

HEIDEHONIG

Kurz vor Wintereinbruch blüht die Heide in Violett und die Bienen fliegen zur Ernte dieser Honigspezialität aus. Heidehonig ist goldbraun und von Natur aus von geleeartiger Konsistenz. Der sehr aromatische Honig schmeckt kräftig, manchmal sogar herb-würzig. Er eignet sich optimal zum Backen von Honigkuchen.

KLEEHONIG

Kleehonig erinnert ein wenig an Rapshonig. Er ist gelblich bis fast weiß. Sein Geschmack ist mild und süß. Wegen seines hohen Traubenzuckeranteils liefert er schnelle Energie. Kräutertees verleiht er eine angenehme Süße.

LINDENHONIG / LINDENBLÜTENHONIG

Gleich zwei Honige sammeln die Bienen von der Linde. Der klare, flüssige, gelblich grüne Lindenblütenhonig aus dem Nektar der Blüten duftet und schmeckt lang anhaltend nach Menthol und Pfefferminze. Das mild-blumige, frische Aroma

lässt auch an Heilkräuter und -tees denken. Manchen stört diese medizinische Note. Den Lindenhonig gewinnen die Bienen dagegen aus dem Honigtau, den sie von den zartgrünen Blättern des Baumes sammeln. Er kommt oft auch mit Lindenblütenhonig gemischt auf den Markt, dann ebenfalls unter der Bezeichnung Lindenhonig. Der minzige Geschmack passt gut zu Vanilleeis mit Erdbeeren.

LÖWENZAHNHONIG

Die Farbe des würzigen, feinherben Honigs ist goldgelb wie die Löwenzahnblüten. Da der sehr aromatische Honig schnell fest wird, lässt er sich etwas schwer streichen, ist aber dennoch ein köstlicher Brotaufstrich. Beim Glasieren von Geflügel ist die feste Konsistenz des Honigs wiederum ein Vorteil, weil er beim Einreiben nicht so schnell abfließt.

RAPSHONIG

Rapshonig ist weiß bis elfenbeinfarben, cremig und undurchsichtig. Sein Geschmack ist ausgeprägt süß und mild-blumig. Manchmal schleicht sich auch eine leichte Kohlnote ein, die jedoch typisch für Rapshonig ist. Wegen seiner festen feinkristallinen Konsistenz eignet er sich gut für Füllungen, zum Beispiel von Gans, Apfelstrudel oder Bratapfel.

Brassica Napus oleifera DC
var. hiemalis Döll

KASTANIENHONIG

Die herbe, leicht bittere Note von Kastanienhonig ist nicht jedermanns Sache. Der bernsteinfarbene bis rotbraune Honig wird aus dem Nektar der wunderschön weißen, männlichen Blüten der Edelkastanie gewonnen, die im Juni blüht. Sein Duft erinnert an blühende Bäume. Wer sich von dem kräftigen Honig mit dem dezent bitteren Geschmack nicht erschrecken lässt, wird staunen, wie vielseitig er einsetzbar ist. So bereichert er Wildgerichte, indem er der dunklen Sauce eine kräftigere Note verleiht. Er passt zu Vollkornbrot und ist ein tolles Süßungsmittel für Kaffee, mit dessen Frucht- und Bitternoten er harmoniert. Außerdem ist er ein guter Ersatz für den noch bittereren Erdbeerbaumhonig, eine Spezialität aus Sardinien. Mit ihm – oder dem etwas milderen Kastanienhonig – lassen sich Sebadas zubreiten, ein köstliches sardisches Dessert, für das Ziegenkäse von der Insel mit abgeriebener Zitronenschale vermischt und in Nudelteig gehüllt wird. Die Teigtaschen werden im Frittierfett ausgebacken und noch warm mit dem bitteren Honig beträufelt.

SONNENBLUMENHONIG

Von den sattgelben, leuchtenden Sonnenblumen stammt der Nektar für dottergelben, feincremigen Sonnenblumenhonig, dessen vollmundig-mildes Aroma an heiße Sommertage erinnert. Der schöne, orangefarbene Honig macht ein knuspriges Weißbrot mit Butter zum Festmahl.

HONIGTAU

Honigtau wird von den Bienen aus den süßen Absonderungen anderer Insekten, wie zum Beispiel Schild- oder Blattläusen, gewonnen und wie Nektar zu Honig verarbeitet. Honigtauhonige sind meist etwas weniger nuancenreich, dunkler und von klebriger, fast bonbonartiger Konsistenz. Am Mittelmeer ist Pinienhonig sehr beliebt. Die beiden bekanntesten deutschen Honigtauhonige sind Tannen- und Waldhonig:

TANNENHONIG

Der dunkelbraune Tannenhonig hat einen interessanten, grünlichen Farbschimmer. Auch sonst ist er etwas Besonderes: Sein Aroma ist intensiv würzig und erinnert an die Kühle schattiger Tannenwälder – reizvoll für einen im Sommer geernteten Honig. Da er sehr lange flüssig bleibt, kann man ihn gut als Glasur oder Sauce verwenden. Köstlich ist er zum Beispiel über Vanilleeis, bestreut mit karamellisierten Kürbiskernen.

WALDHONIG

Den bernsteinfarbenen bis dunkelbraunen Waldhonig gewinnen die Bienen aus dem Honigtau von Laub- und Nadelbäumen in Wäldern. Der dickflüssige Honig schmeckt würzig-herb nach Malz und Karamell. Auf Pfannkuchen ist er ein Hochgenuss!

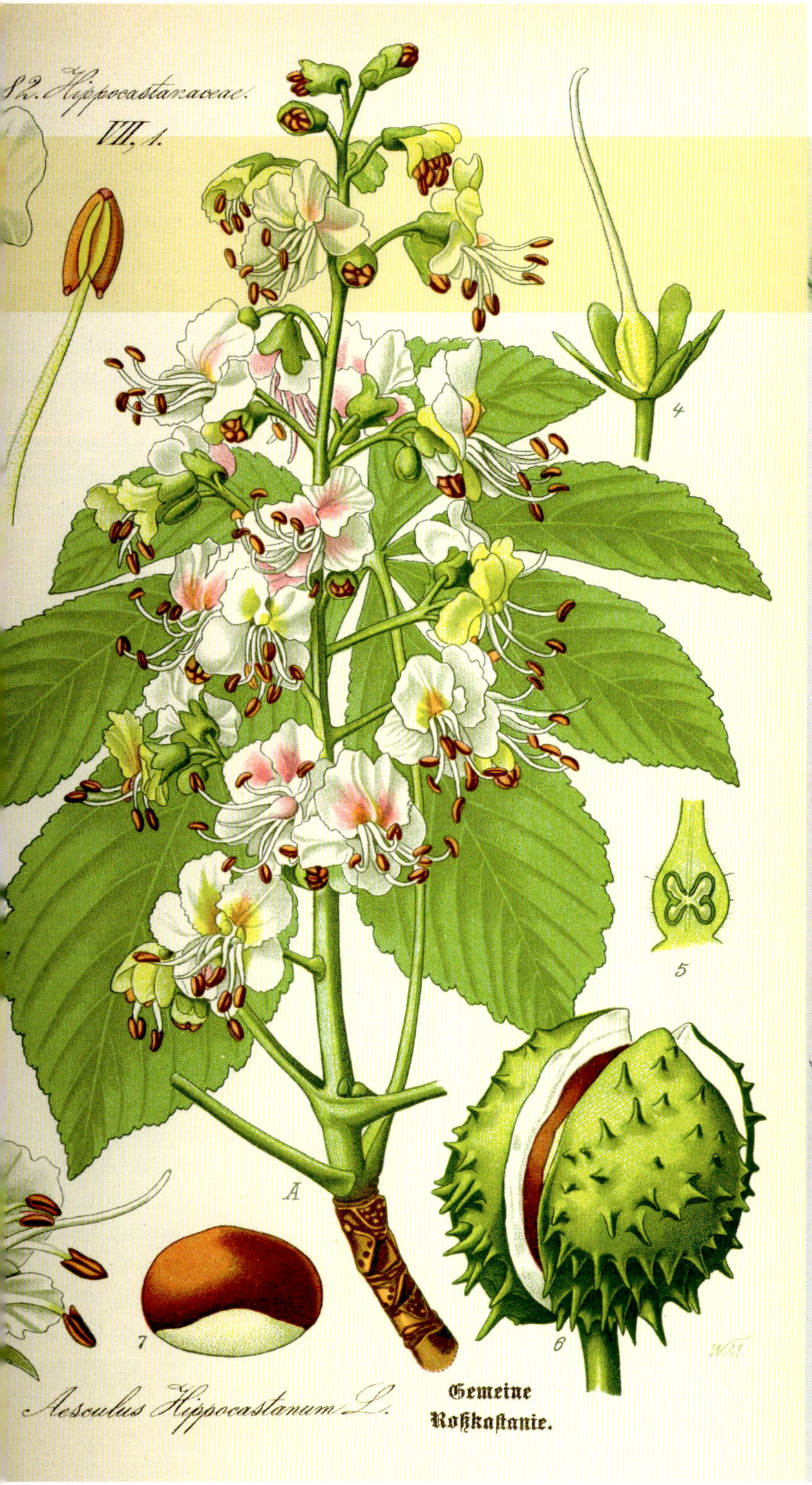
82. Hippocastanaceae.
VII, 1.
4
5
A
6
7
W.M.
Aesculus Hippocastanum L.
Gemeine Roßkastanie.

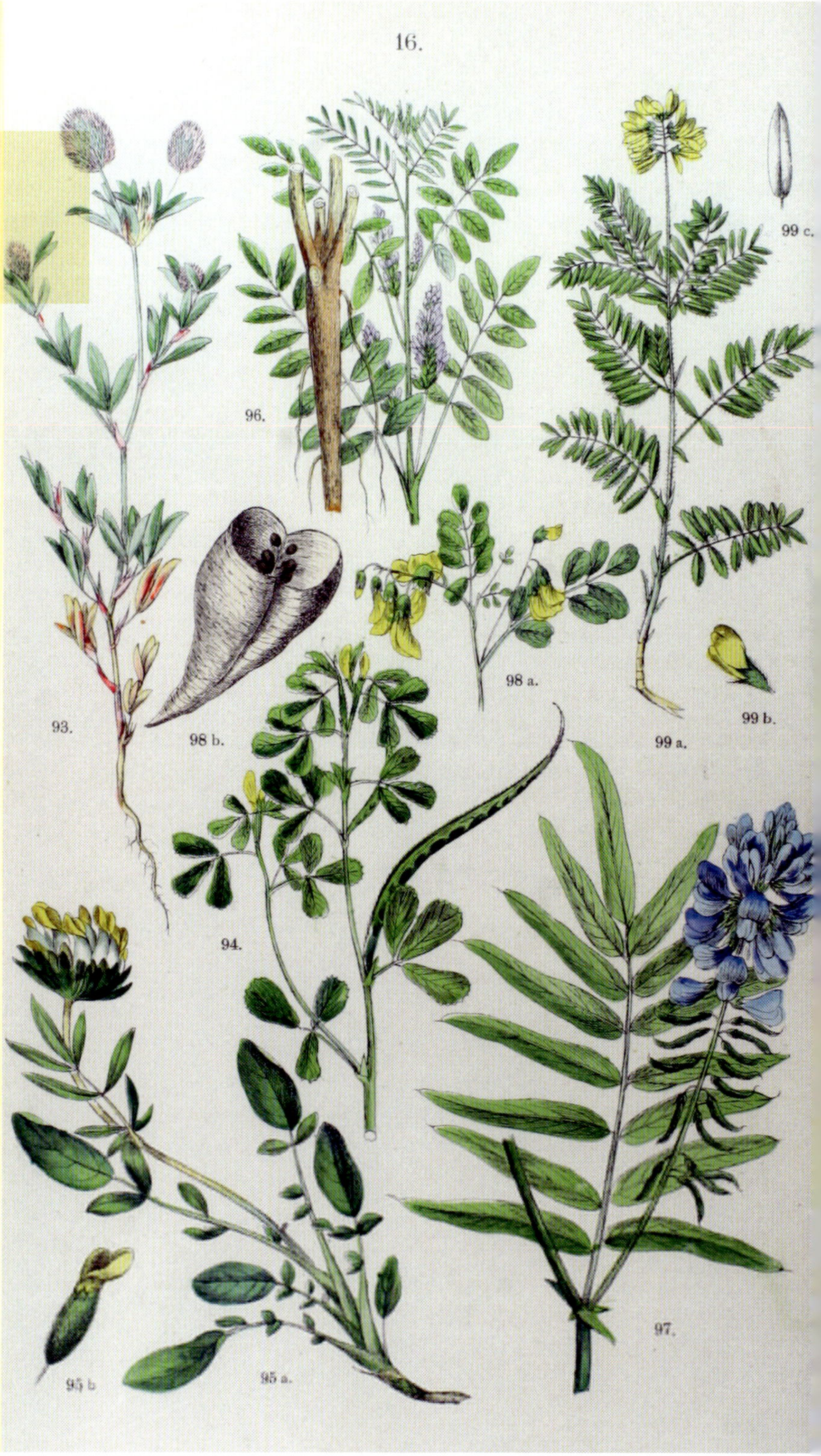
16.
96.
99 c.
93.
98 b.
98 a.
99 a.
99 b.
94.
95 b
95 a.
97.

Ein Honigschlecken

Zwar kann man Aromen bildhaft beschreiben, doch wer die wunderbare Vielfalt des Honigs nicht selbst gekostet hat, wird sie nicht empfinden. Daher ist es wie bei allen Produkten, die man genau studieren möchte: Probieren bildet weiter! Und zwar so viel und so oft wie möglich; am besten mit einer Gruppe von Freunden. Denn zum einen macht es mehr Spaß, gemeinsam die verschiedenen Geschmäcker zu entdecken. Zum anderen wird man durch den Austausch auch auf Aromen aufmerksam, die einem selbst vielleicht nie aufgefallen wären.

Sehr gut für einen Verkostungsabend eignen sich Mischhonige von Imkern der eigenen Region. Auch Sortenhonige sind perfekte Verkostungsobjekte für diejenigen, die sich erst einmal das Aroma einer bestimmten Pflanze einprägen wollen, um es später in Mischhonigen wieder aufzuspüren. Wer seine Eindrücke gern überprüfen möchte, kann dies anhand des Kapitels über die Geschmacksprofile der »Regionalen Spezialitäten« aus der Produktpalette der Firma Breitsamer tun. Diese hochwertigen regionalen Honige gibt es bundesweit im Handel.

»*Für den, der Honig gegessen hat, ist es überflüssig, denen, die ihn nicht schmeckten, eine Erklärung des Geschmacks zu geben. Kennen sie nicht den EINEN Geist, irren selbst Gelehrte.*«

PADMA SAMBHAVA

Honig verkosten

Um eine Honigverkostung vorzubreiten, braucht man zunächst ein Thema. Denn alles gleichzeitig zu probieren wird nicht gelingen. Sollen es verschiedene Mischhonige aus einer Region sein? Oder reine Sortenhonige, um zunächst das Aroma einzelner Pflanzen besser kennenzulernen – wie man es auch beim Wein mit verschiedenen Rebsorten machen würde? Möchte man zarte Blütenhonige einander gegenüberstellen? Oder doch lieber die würzig-herben Honigtauhonige?

Honig zu verkosten ist nicht so einfach: Anders als bei Wein-, Schokolade- oder Kaffeeverkostungen, lenkt die intensive Süße sehr von den anderen Aromen ab. Anfänger wollen bei den ersten Versuchen oft schnell das Handtuch werfen: »Schmeckt süß«, finden sie. Dabei sind nur wenige Honige in erster Linie süß – bei einfachen Frühstücksmischungen kann das allerdings durchaus der Fall sein. Ganz wichtig ist also: Nur hochwertige, charakteristische Honige für eine Verkostung auswählen. Wenn sich die Süße zuerst aufdrängt, einfach einen Moment innehalten und sich konzentrieren. Die Frage, die sich beim Honig stellt, ist nämlich: Welche Aromen schmecke ich, wenn ich die Süße ignoriere?

Ein Trick, um den einzelnen Aromen besser auf die Schliche zu kommen, ist es, den Honig 1:1 in handwarmem Wasser aufzulösen. So erschließen sich seine Aromen und die Süße lenkt weniger ab. Nach dem Verdünnen das Gefäß mit einem Bierdeckel abdecken, um den Duft »einzufangen«. Beim Heben des Deckels drängen dann die Aromen immer wieder deutlich in die Nase – man kann auf diese Weise mehr von ihnen wahrnehmen. Das gilt jedoch nur für den Duft. Der Geschmack wird durch das Verdünnen nicht deutlicher, sondern verwässert eher. Darüber hinaus fehlt eine wichtige Geschmackskomponente: die Konsistenz, das Mundempfinden.

Nicht vergessen sollte man auch: Honig ist eine klebrige Angelegenheit. Nicht selten sind nach einer halben Stunde alle Teilnehmer der Verkostung bekleckert und die Zettel für die Verkostungsnotizen kleben aneinander. Deswegen bei Honigverkostungen Servietten und Fingerschalen mit Wasser bereitstellen.

Auch vorab gibt es ein paar Tricks, die dafür sorgen, dass sich die Kleckerwahrscheinlichkeit verringert: Jeweils etwas Honig in eine kleine Schale umfüllen, in die man einen Teelöffel legt. Die Verkoster bekommen einen Teller mit eigenem Löffel. So können sie sich immer etwas Honig auf ihren Löffel träufeln, ohne dass alle in einem Honigglas fischen. Die Originalgläser kann man einfach hinter die Schalen stellen, damit die Proben noch zugeordnet werden können. Bei Blindverkostungen, für Fortgeschrittene, ist es auch üblich, die Glasschälchen mit Nummern zu versehen und erst später das Rätsel zu lösen, um welchen Honig es sich handelt.

Keine anderen Gerüche sollten bei einer Verkostung die Wahrnehmung stören, egal ob sie angenehm oder unangenehm sind. So sollte zum Beispiel keiner der Teilnehmer stark parfümiert sein. Der Essensduft des letzten Kochens sollte verflogen sein.

Um den Gaumen zu neutralisieren, stellt man stilles Wasser und Brot auf den Tisch. Stilles Wasser reizt die Zunge nicht so sehr, wie Wasser, das mit Kohlensäure versetzt ist – so schmeckt man länger mehr.

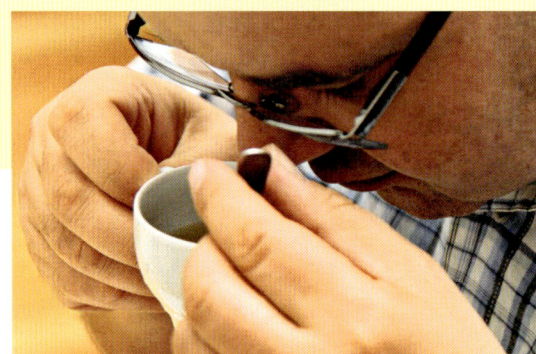

Die Honige sollten in der Reihenfolge ihrer Intensität probiert und auch gleich so auf dem Tisch aufgebaut werden: von zarten Honigen zu würzigen, von klaren zu cremigen, von hellen zu dunklen.

Ganz wichtig: Honig zu verkosten ist nicht das Gleiche, wie Honig zu essen. Der Gastgeber sollte die Verkostung anleiten, indem er zum Beispiel Zettel und Stifte für die Geschmackseindrücke bereitlegt. Auch ist es wenig erhellend für die einzelnen Tester, wenn alle einfach wild drauflosprobieren. Besser ist es, wenn zunächst jeder den ersten Honig kostet, ihn für sich beschreibt und man dann seine Geschmackseindrücke in der Gruppe diskutiert. Erst dann gibt der Gastgeber das Signal, zum zweiten Honig überzugehen, und so weiter.

Nacheinander tastet man sich mit den verschiedenen Sinnen an den Honig heran: Ist seine Farbe eher elfenbeinweiß, sonnenblumengelb, bersteinfarben oder grünbraun? Ist seine Beschaffenheit undurchsichtig und fest oder eher klar und flüssig? Welche Düfte nimmt die Nase wahr? Womit lassen sie sich vergleichen? Wie fühlt sich der Honig im Mund an – geschmeidig, cremig, kristallin? Welche Aromen schmecke ich?

Je öfter man verkostet, desto mehr wird man wahrnehmen. Der Horizont des Geschmackssinns erweitert sich mit jedem Test hochwertiger Honige, so wie sich auch der Horizont des Hörsinns erweitert, wenn man oft unterschiedliche, aber gute Musik hört.

Allzu viele Honige an einem Tag zu verkosten ist jedoch nicht sinnvoll, weil der Geschmackssinn nur begrenzt aufnahmefähig ist: Es genügen vier bis sechs Sorten. Die Teilnehmer sollten nicht allzu hungrig, aber auch nicht zu satt sein, um optimal zu schmecken. Bei einem Verkostungsabend mit Freunden kann man vorweg etwas Fingerfood reichen und danach ein salziges Süppchen. Achtung: Nun nichts Süßes mehr! Nach der Honigverkostung ist die Lust auf Süßigkeiten meist befriedigt.

Breitsamer: Regionale Spezialitäten

An den »Regionalen Spezialitäten« von Breitsamer lässt sich nachvollziehen, wie der Geschmack des Honigs Landschaften abbildet. Die Lieferung der charakteristischen Honige ist von den Gegebenheiten der Natur abhängig, weswegen nie alle Regionen gleichzeitig im Handel sein können. Eine wechselnde Auswahl ist jedoch immer bundesweit erhältlich. So eignen sich die Blüten- und Honigtauhonige von Breitsamer wunderbar für eine Verkostung. Sie sind in drei Honigtypen unterteilt, die sich ganz grundlegend durch Farbe, Konsistenz und Geschmack unterscheiden und mit den drei Farben Gelb, bernsteinfarben und Grün gekennzeichnet sind.

Drei oder vier der »Regionalen Spezialitäten«, vielleicht ergänzt durch Imkerhonige aus der eigenen Region, garantieren eine sensationelle Vielfalt. Wer möchte, kann die folgenden Geschmacksprofile mit dem eigenen Erlebnis vergleichen. Es ist jedoch auch nicht falsch, etwas anderes zu schmecken. Denn Geschmack ist sehr individuell und mit eigenen Erinnerungen verknüpft. Wer würde schon widersprechen wollen, wenn ein Tester sagt: »Schmeckt wie früher bei meiner Oma.« Ein besseres Lob kann es eigentlich nicht geben; denn Gutes soll vor allem die Seele berühren und Erinnerungen und Assoziationen wecken.

GELBE KENNZEICHNUNG: HELLGELB, CREMIG, HARMONISCH, MILD

Bodensee

Dezent fruchtig duftet der Honig vom Bodensee. Dort, wo die Landschaft vom Obstanbau bestimmt ist, sammeln die Bienen einen zitronengelben, milden Honig, der im Abgang an Äpfel und Birnen erinnert. Deutlich ist auch der Rapsanteil, der für cremige Ausgewogenheit sorgt. Die sonnige Süße des Bodensee-Honigs passt gut zu einem Obstsalat.

Naturpark Altmühltal

Zwischen imposanten Jurakalkfelsen liegt das Altmühltal mit seinen bunt blühenden Wiesen. Glockenblumen, Lichtnelken, Storchschnabel und Margeriten sind hier neben seltenen Wildkräutern zu finden. Die Bienen machen daraus einen nuancenreichen, blumigen Honig, der sonnengelb und von cremiger Konsistenz ist. Das Mundgefühl ist körnig-schmelzend. Der Honig zerfließt nach einer leichten Verzögerung, die ein Hauch von Marzipan begleitet, auf der Zunge. Das nun anhaltende Aroma erinnert an Zitronenmelisse und Walnüsse. Die perfekte Ergänzung zu frischem Ziegenkäse!

Mecklenburgische Seenplatte

Im Land der vielen Seen glitzert das Wasser fast hinter jeder grünen Weide. An die leuchtend gelben Rapsfelder erinnert dieser cremige Honig, der nach Blumen und Wachs duftet. Auf der Zunge liegt satte Harmonie und eine Frische, die die Süße mildert. Genau der Richtige für ein knuspriges Sonntagsbrötchen!

Schleswig-Holstein

Im Land zwischen den Meeren gedeiht der Raps auf sandigen Böden. Der sandgelbe Honig ist cremig-fest. Der Duft ist kräftig und frisch, fast ein wenig salzig – man spürt die Meeresbrise. Subtile Aromen von Mandeln, Aprikosen und Marzipan bleiben am Gaumen bestehen. Mit seiner festen Konsistenz und dem kräftigen Geschmack eignet er sich gut als Bratapfelfüllung.

103

ORANGE KENNZEICHNUNG: BERN-STEINFARBEN, SÄMIG, MILD, LIEBLICH

Allgäu

Sattgrün liegen die Wiesen im Allgäu zwischen den Bergen. Die Vielfalt dieser Landschaft schmeckt man auch dem goldgelben, würzig-feinherben Honig an. Ein wahrer »Wiesenblütencocktail« steigt in die Nase, wenn man die Dose öffnet. Besonders deutlich ist das Aroma des Löwenzahns. Der Allgäuer Honig lässt sich wunderbar als Geflügelglasur verwenden.

Altes Land

Das Alte Land kennt in Hamburg jeder. Es ist das größte Obstanbaugebiet weit und breit. Im Frühling badet man nahezu in Obstblüten, zum Beispiel von Apfel- und Kirschbäumen. Daher hat dieser hinreißend komplexe Honig eine besonders fruchtige Note. Seine Konsistenz ist leicht kristallin. In der Nase tauchen bittere Kräuter, Ahornsirup, Dörrpflaumen und Leder auf. Im Geschmack kommen Aromen von Mandarinen, Karamell, Sandelholz und Trockenfrüchten, wie Aprikosen und Pflaumen, zum Tragen. Zu einem Natursauerteigbrot mit Anis und Fenchel, wie dem Frankenlaib von der Münchner Hofpfisterei, der ideale Honig.

Berlin

In der Hauptstadt herrscht die Lindenblüte vor. So ist auch eine der berühmtesten Straßen, die direkt am Brandenburger Tor beginnt, nach diesen Bäumen benannt: Unter den Linden. Der Honig kommt freilich nicht aus dem Stadtzentrum, sondern von einer Imkerei im Hoppegarten, die vor den Toren Berlins liegt und einst durch die berühmte Trabrennbahn bekannt wurde. Jetzt findet man dort ein Naturschutzgebiet. Die Frische der Lindenblüte hält lange im Mund an. Kräuterige Noten und Zitrusschärfe im Abgang kommen hinzu. Ein Honig, der den Geschmack von Pfefferminz- oder Kräutertee intensivieren und wohltuend bereichern kann.

Chiemgau

Facettenreich ist der Honig aus dem Chiemgau: Die Bienen können sich an saftigen Wiesen, Wäldern und in blühenden Bauerngärten mit uralten Bäumen bedienen. Das merkt man auch dem außergewöhnlichen Honig an. Ein würzig-kräuteriger Duft steigt in die Nase, wenn man die Dose mit dem klaren, goldfarbenen Honig öffnet. Das Aroma der ausdrucksstarken, nuancenreichen Spezialität erinnert an üppig-süße Blüten, Karamell und dichten Traubensaft. Für Qualität und Geschmack wurde dieser Honig sogar ausgezeichnet: Im Test der Zeitschrift »Ökotest« (01/2009) erhielt

der Regionale aus dem Chiemgau das Testurteil »sehr gut«. Da man ihn am liebsten pur löffeln möchte, sollte er höchstens als kalte Sauce eingesetzt werden, zum Beispiel auf Eis, exotischen Früchten oder Panna Cotta.

Hunsrück

Zwischen Pfalz und Saarland, eingerahmt von Rhein und Mosel, liegt der Hunsrück mit seinen ausgedehnten Laub- und Nadelwäldern. Viele Streuobstwiesen bestimmen die Landschaft. Unzählige geschützte Blütenpflanzen, zu denen sogar wilde Orchideen gehören, sind hier zu Hause. Ihre Vielfalt findet sich im Honig wieder. Der klare, flüssig-goldene Honig duftet nach Blumen und Früchten. Im Mund kommen Kräuter hinzu, im Abgang eine pfefferige Schärfe. Kombiniert mit Joghurt eignet er sich als lieblicher Dip, gereicht zum Beispiel zu gegrillten Knoblauchgarnelen.

München

Der rotgoldene, feinflüssige Honig aus München riecht überraschend nach Tabak, Pflaumen und Sandelholz. Das Mundgefühl ist besonders weich. Im Geschmack ist die Linde vorherrschend. Aus dem Blütennektar und Honigtau dieses in der Stadt München allgegenwärtigen Baumes komponieren die Bienen diese Spezialität. Der Honig schmeckt frisch-fruchtig und leicht medizinisch, wie ein feiner Kräutertee. Die Fließeigenschaften und die Fruchtigkeit lassen an Birnensirup denken. Im Abgang ist eine deutliche Frische zu spüren. Man sollte ihn auf frischen Erdbeeren mit Sahne genießen.

Südbaden

Das sonnenverwöhnte Markgräflerland mit seinen Weinbergen weckt Toskana-Gefühle. Dort sammeln die Bienen den Nektar für einen dickflüssigen, bernsteinfarbenen Honig, der vollmundig und kräftig schmeckt. Seine Aromen erinnern an Hagebutten und Pfirsiche. Mit einem gebackenen Camembert und einem Glas badischen Wein ein Hochgenuss!

GRÜNE KENNZEICHNUNG: DUNKEL, DICKFLÜSSIG, WÜRZIG, AROMATISCH

Naturpark Bayrischer Wald

Aus dem würzigen Honigtau von Fichten, Tannen, Buchen und Eichen entsteht dieser ausdrucksvolle Honig. Er duftet kräftig nach Waldhonig, feuchtem Boden und fließt dunkel und klarflüssig vom Löffel. Das Aroma ist fruchtiger als erwartet – eher als stünde man auf einer sonnigen Lichtung, als in einem schattigen Wald. Anklänge von Moos und Malz dominieren den Geschmack, der ausgezeichnet zu einem Rehbraten mit Preiselbeeren passen würde.

Naturpark Hochtaunus

Hochtaunus heißt der Mittelgebirgsrücken zwischen Main, Rhein und Lahn. Die Landschaft ist einerseits geprägt von Wald – so weit das Auge reicht Buchen, Eichen, Tannen – und andererseits von den typischen hessischen Streuobstwiesen. Am Löffel fallen zuerst die exzellenten Fließeigenschaften und der feste Stand auf. Der Duft erinnert intensiv an geräucherten Speck und Lakritze, er ist torfig wie Whiskey oder malzig wie ein Assam-Tee. Auch am Gaumen wirkt er malzig, fast salzig. Mediterrane Kräuter wie Rosmarin liegen auf der Zunge. Man sollte unbedingt einmal probieren, einen Schweinebraten mit diesem Honig zu glasieren.

Naturpark Schwarzwald

Wildromantische Schluchten, erfrischende Bäche und kühle Wälder sind ein wahres Paradies für die Bienen. Sie sammeln den klaren Honigtau von den Nadeln der Fichten und Tannen. Das Ergebnis ist ein dunkler, samtiger Honig, mit dem intensiven Geschmack eines Nadelwaldes. Der rauchige Duft erinnert an Edelhölzer. Die Konsistenz ist die von gut gelungenem Karamell. Wie die Vorstufe zum Bonbon bleibt ein Tropfen mit gespannter Oberfläche auf dem Teller stehen. Aromen von Zitrone, Brombeere und Unterholznoten spielen miteinander. Der Abgang des Schwarzwald-Honigs ist besonders lang und entwickelt eine feine Chili-Schärfe. Besonders gut schmeckt er als Zutat in dem türkischen Dessert Baklawa – einem Blätterteigschichtkuchen mit Walnüssen, der süß übergossen wird.

Honig aufbewahren

Honig ist nahezu unbegrenzt haltbar. Als bei Ausgrabungsarbeiten in ägyptischen Gräbern Honigtöpfe gefunden wurden, wagten die Forscher eine Kostprobe. Zu ihrem Erstaunen war der Honig noch genießbar. Ob er allerdings auch noch aromatisch gewesen ist, weiß man nicht. Zumindest war er sicher steinhart, denn mit der Zeit kristallisiert Honig. Die Kühle und Dunkelheit in der Ausgrabungsstätte hat sicher ihrerseits für eine verlängerte Haltbarkeit gesorgt. So gibt es einiges, was bei der Lagerung von Honig zu beachten ist.

Kühl, trocken und lichtgeschützt

Honig braucht kein Haltbarkeitsdatum, denn luftdicht verschlossen ist er jahrelang ohne Qualitätseinbuße haltbar. Dennoch ist er licht- und hitzeempfindlich und sollte daher am besten bei 12 bis 18 °C im kühlen, dunklen Keller oder in der Vorratskammer aufbewahrt werden. Bei über 40 °C werden viele wertvolle Inhaltsstoffe des Honigs zerstört und auch sein Aroma leidet. Honige im lichtdurchlässigen Glas sollte man vor direkter Sonneneinstrahlung oder Neonlicht schützen.

Um ihn im Hochsommer vor zu viel Wärme zu bewahren, kann man kleine Mengen in Honiggläser für den Tisch abfüllen und den Rest im Originalglas wieder im kühlen Schrank verschwinden lassen. Das verhindert auch, dass der offene Honig, zum Beispiel durch benutzte Messer oder Löffel, verschmutzt wird. Denn obwohl Honig so lange haltbar ist – Brotkrümel und Butterreste darin können durchaus schlecht werden. Daher immer einen nur für das Honigglas vorgesehenen Löffel verwenden.

Geöffnete Gläser sollten innerhalb von sechs Monaten aufgebraucht werden. Sie sind extrem anfällig für Fremdgerüche und Feuchtigkeit. Dagegen hilft, das Glas immer gleich nach Benutzung wieder zu verschließen. Längere Zeit offen stehender Honig kann, durch den Kontakt mit Feuchtigkeit, gären. Dann ist er nur noch zum Backen verwendbar.

Dagegen ist die Kristallisation des Honigs ein natürlicher Prozess. Wie schnell ein Honig kristallisiert, hängt von seinem Traubenzucker- und Wassergehalt, sowie der Lagertemperatur ab. Je niedriger die Lagertemperatur, desto länger lässt sich die Kristallisation verzögern.

Honige enthalten Glukose (Traubenzucker) und Fruktose (Fruchtzucker) – je nach Sorte zu unterschiedlichen Anteilen. Ist der Traubenzuckeranteil sehr hoch, kristallisiert ein Honig schneller. Rapshonig wird besonders schnell feinkörnig und auch Klee-, Löwenzahn- und Obstblütenhonig neigen dazu. Sehr langsam kristallisieren dagegen Akazienhonig und alle Honigtauhonige. Bei der Kristallisation wird Honig fester und heller. Eine Besonderheit ist der Heidehonig, der geleeartig kristallisiert.

Eigentlich ist die Kristallisation ein Qualitätsmerkmal, denn sie zeigt an, dass es sich um ein reines Naturprodukt handelt, dem auch kein anderer, flüssiger Honig beigemischt wurde, um die Kristallisation zu verzögern. Wer dennoch lieber flüssigen Honig mag: Durch vorsichtiges Erwärmen in einem höchstens 38 °C warmen Wasserbad kann man das edle Produkt in seinen alten Zustand versetzen.

Traumpaare

Auch wenn Honig für sich allein genommen schon eine große Aromenvielfalt aufweist: Kombiniert mit dem richtigen Partner lässt sich das Vergnügen noch weiter steigern. Klassisch kennt man das Butterbrot mit Honig, aber die süße Leckerei passt auch zu vielen Käsesorten, Senf, Obst, Geflügel und Meeresfrüchten. Und wieso nicht einmal den Tee oder Kaffee mit Honig statt mit Zucker süßen? Das zusätzliche Aroma des Honigs kann auch für Getränke eine echte Bereicherung sein – vorausgesetzt man wählt die richtigen Kombinationen.

Honig, Brot und Butter

Ein Butterbrot mit Honig ist die einfachste Form, Honig zu genießen, und sie kann glücklich machen. Die Honigaromen kommen dabei unverfälscht zur Geltung. Beliebt ist es auch, den Honig beim Bestreichen des Brotes mit der Butter zu vermengen – so wird der Genuss noch intensiviert, denn Fett ist ein natürlicher Geschmacksverstärker.

Knuspriges Weißbrot, wie zum Beispiel ein rustikales französisches Baguette, passt besonders gut zu feincremigem Blütenhonig. In der Normandie und Bretagne nimmt man halbgesalzene Süßrahmbutter dazu – denn etwas Salz lässt die Aromen noch dichter erscheinen. Zudem ist eine Prise Salz ein interessantes Gegengewicht zur Süße des Honigs.

Mild-würzige, flüssige Honige passen ausgezeichnet zu Natursauerteigbroten. Deren säuerlicher Note sollte man einen charakteristischen Honig entgegensetzen. Kastanienhonig, mit seinem dezent bitteren Aroma, schmeckt gut zu einer scharf gebackenen Brotkruste.

Kastanienhonig ist auch ein guter Partner zu dunklem Vollkornbrot. Das herzhafte Brot – mit oder ohne Butter – ist auch die ideale Ergänzung zu zähflüssigen Honigtauhonigen.

Honig, Milch und Käse

Milch und Honig gelten als Inbegriff von Genuss, der sogar in der Bibel beschworen wird. Das gelobte Land ist laut zweitem Buch Mose »ein Land, in dem Milch und Honig fließen«. Warme Milch mit Honig lindert viele Leiden. So ist Milch mit Honig ein bewährtes Hausmittel gegen Halsschmerzen. Honig enthält Flavonoide, sekundäre Pflanzenstoffe, die entzündungshemmend wirken und sogar Viren unschädlich machen können. So arbeitet zum Beispiel das Flavonoid Pinocembrin im Honig wie ein natürliches Antibiotikum.

Auch diffuse Unruhe ist durch Milch mit Honig wie weggeblasen. Der ruhige Schlaf stellt sich wieder ein. Die Voraussetzung, um die gesundheitliche Wirkung des Honigs zu nutzen, ist jedoch immer, dass er nicht zu sehr erhitzt wird. Bei über 40 °C verlieren viele der heilenden Inhaltsstoffe des Honigs ihre Wirkung. Daher am besten die Milch nur leicht erwärmen und den Honig erst danach in die Tasse geben.

Aber auch eiskalt ist Milch mit Honig ein Hochgenuss; zum Beispiel als selbst gemachtes Honigeis oder -parfait – im Frühling zubereitet mit einem Sommerhonig und mit karamellisierten Pfirsichstückchen gereicht, im Herbst mit Lebkuchengewürzen und Pflaumenkompott.

Ein Traumpaar sind auch Honig und Käse. Köstlich ist zum Beispiel feincremiger Honig auf Ziegenfrischkäse. Aber auch würzige Kombinationen schmecken wunderbar: So erwärme man zum Beispiel einen mittelalten italienischen Pecorino in der Pfanne und übergieße ihn dann mit flüssigem Blütenhonig. Blauschimmelkäse auf dunklem Früchtebrot wird durch etwas Honigtauhonig noch pikanter.

Honig und Senf

Die Kombination von Honig und Senf kann Dips und Salatsaucen ohne viel Aufwand eine besondere Raffinesse verleihen. So sind Honig und Senf 1:1 verrührt die Grundlage für eine leckere Lachssauce, die mit Dill verfeinert werden kann. Am besten eignen sich für eine neutrale Honig-Senf-Sauce ein mittelscharfer Senf und Akazienhonig. Eine malzige Komponente kommt ins Spiel, wenn man Waldhonig verwendet. Ein körniger Senf lässt die Sauce rustikaler erscheinen. Bringt der Senf zu viel Schärfe ein, kann man diese durch Crème fraîche mildern.

Aber auch eine einfache Salatsauce wird zum Beispiel mit Kräutersenf und Thymianhonig zum Erlebnis. Um die Honigsüße des Salates zusätzlich zu betonen, kann man auch frische Früchte hineinschneiden, zum Beispiel filetierte Orangen.

Honig, Fleisch, Fisch und Meeresfrüchte

In Deutschland wird Honig bei herzhaften Rezepten eher zaghaft eingesetzt. Dabei passt er wunderbar zu Fleisch, zum Beispiel zu Geflügel. In der Glasur verwendet, macht er Hähnchenkeule oder Ente besonders golden, knusprig und leicht süßlich.

Bei dunklem Fleisch lassen der würzige Waldhonig oder der dezent bittere Kastanienhonig die Sauce noch dichter und kräftiger werden. Aber auch Lammkarree mit einer Honig-Nuss-Kruste aus dem Backofen schmeckt köstlich.

Zarte Weißfischfilets sollte man dagegen auch mit zarten Blütenhonigen in Verbindung bringen. Eine Zitronensauce zum Fisch kann man zum Beispiel mit etwas Löwenzahn- oder Lindenblütenhonig verfeinern.

Unter den Meeresfrüchten gehören gegrillte Garnelen und Jakobsmuscheln zu den Traumpartnern des Honigs. Ihr saftiges, festes Fleisch bekommt durch etwas Honigsüße und Chili einen exotischen Charakter.

Honig, Tee und Kaffee

Kräutertees werden traditionell mit Honig getrunken. Ihre gesundheitliche Wirkung wird durch den Honig noch verstärkt. Wer die Kräuternoten geschmacklich verstärken möchte, ist mit dem frischen Lindenblütenhonig gut beraten. Wer dagegen eher eine neutrale Süße zum Kräutertee sucht, sollte Akazienhonig verwenden.

Einen hochwertigen Grüntee mit Honig zu kombinieren ist dagegen fast eine Schande. Beide Produkte haben so viele eigene feine, zarte Aromen, dass sie Gefahr laufen sich gegenseitig zu überdecken. Andererseits kann man mit dem Honig bewusst das Aroma einer Blüte hinzufügen, um zu sehen, wie es mit dem Tee harmoniert. So könnte zu einem blumig-fruchtigen chinesischen Oolong durchaus ein blumig-gemüsiger Rapshonig passen. Für den trüben japanischen Sencha könnte ein kräftiger, sonniger Sonnenblumenhonig durchaus bereichernd sein.

Etwas aus der Rolle fällt der fermentierte, lange gereifte chinesische Pu Erh, der kupferrot in die Tasse fließt. Sein Geschmack ist rauchig, sodass er auch kräftig-malzige Honigtauhonige verträgt.

Durchfermentierter Schwarztee, wie zum Beispiel ein Earl Grey, mit dem fein-duftigen Aroma der Bergamotte, schmeckt gut mit kräftigen Honigen. Waldhonig verstärkt die dunklen Noten im Schwarztee. Kastanienhonig hebt speziell beim Earl Grey die zitronig-zartbittere Note hervor.

Nur selten wird die Kombination von Kaffee und Honig angesprochen. Dabei kann man hier große Überraschungen erleben: In südamerikanischem Kaffee, zum Beispiel aus Guatemala, schmeckt Kastanienhonig besonders gut. Er unterstreicht die zarten Bitternoten des edlen Getränks aufs Feinste. Das Gleiche gilt bei kenianischem Kaffee: Fruchtigkeit und Bitternis werden betont, wenn man ihn mit Kastanienhonig süßt. Zum erdig-schokoladigen äthiopischen Kaffee passt dagegen ein kräftiger Waldhonig. Unwiderstehlich wird diese Kombination, wenn man am Ende Gewürze wie Kardamom und Zimt auf den Kaffee gibt.

rösteter

ffee

Eine honigsüße Rede

In vielen Redewendungen geht es um das süße, klebrige Elixier, das die Menschen schon so lange kennen. Aber welche Honig-Redewendungen werden besonders häufig gebraucht? Was bedeuten sie eigentlich? Wo kommen sie her, soweit dies noch nachvollziehbar ist? Und haben sie Entsprechungen in anderen Sprachen?

Redewendungen rund um den Honig

DAS IST KEIN HONIGSCHLECKEN

Das Honigschlecken wäre eine reine Freude, ein Leichtes. Daher wird eine Aufgabe, die kein Honigschlecken ist, mühsam, nicht einfach sein. »It´s no picnic«, würden die Engländer in einem solchen Fall sagen.

GRINSEN WIE EIN HONIGKUCHEN-PFERD

Wenn jemand über das ganze Gesicht strahlt, sagt man auch, er grinse wie ein Honigkuchenpferd. Spricht man jemanden mit dieser Redewendung an, muss man ihn jedoch sehr persönlich kennen, sonst kann sie leicht abfällig klingen. »To grin like a Cheshire cat«, ist die sinngemäße Entsprechung im Englischen.

EINE HONIGSÜSSE REDE

Honig ist ein Synonym für süße, betörende Worte. So ist eine honigsüße Rede eine gewinnende, vielleicht auch übertrieben schmeichelnde Rede, in deren Hintergrund die Absicht stehen kann, den Zuhörer zu etwas zu überreden. Die Redewendung kann jedoch auch gänzlich positiv gemeint sein. Seit der Antike setzte man die Honigsüße mit hoher Rednerkunst gleich. So nannte man den Heiligen Bernhard von Clairvaux »pater mellifluus«, also »Vater Honigfließend«, weil er so wunderbar predigte.

JEMANDEM HONIG UM DEN MUND/ UMS MAUL/UM DEN BART SCHMIEREN

Schmiert man jemandem Honig ums Maul, schmeichelt man ihm, um ihn günstig zu stimmen. Die Worte werden süß wie Honig empfunden, auch wenn sie nicht unbedingt ernst gemeint sind. Das Gleiche ist gemeint, wenn davon die Rede ist, jemandem Honig um den Mund oder den Bart zu schmieren. »Passer de la pommade à quelqu'un«, sagen die Franzosen bei solch einer taktischen Schmeichelei. Sie reiben ihren Gesprächspartner mit »schmieriger Pomade« ein. In England wird in einer solchen Situation kräftig gebuttert – »to butter someone up«, heißt die entsprechende Redewendung.

Die deutsche Redensart hieß in ihrer ursprünglichen Form »jemandem Honig mit dem Löffel eingeben« und bezog sich auf die harmlose List, Kinder mit einem Löffelchen Süßes abzulenken oder zu trösten. Ebenfalls denkbar ist der asiatische Ursprung der Redensart: Der Küchengott, eine der populärsten Gottheiten des chinesischen Volkes, steigt am 25. jeden Monats in den Himmel, um dort über die Hausbewohner zu berichten. So werden ihm – mithilfe kleiner Küchengott-Figuren – an diesem Tag eifrig Opfer gebracht. Unter anderem wird den Figürchen Honig auf die Lippen gestrichen, um den Küchengott milde zu stimmen und sein Urteil über die Hausbewohner süß ausfallen zu lassen.

LAND, IN DEM MILCH UND HONIG FLIESSEN

Das Zitat findet sich in der Bibel. Als Moses mit den Israeliten aus Ägypten auszieht, führt er sie in das gelobte Land, ein »Land, in dem Milch und Honig fließen«. Der Ausdruck bezeichnet also einen paradiesischen Ort, wo es reichlich von allem Guten und Schönen gibt.

MIT HONIG FÄNGT MAN (MEHR) FLIEGEN (ALS MIT ESSIG)

Gemeint ist: Mit Freundlichkeit und gewinnenden Worten überzeugt man mehr Menschen, als wenn man über die Missstände schimpft. Kleidet man einen Sachverhalt in eine konstruktive Rede, lässt das mehr Zuhörer herbeiströmen, als wenn man zum gleichen Thema – sauer wie Essig – die Zustände beklagt. Denn jeder hört einem positiv gestimmten Redner lieber zu. Im Englischen gibt es für diese Redewendung sogar eine wörtliche Entsprechung: »You catch more flies with honey than with vinegar.«

ČESKOSLOVENSKO

30 h

NICARAGUA ₡4.00
AEREO 1984
FLORA APICOLA VARA DE SAN JOSE
Althea rosea

135 LEI
POSTA
R.P. ROMINA

Economia ta
ajută economia țării
R.P. ROM
1962

INTERNATIONAL DE
AL XX-LEA CONGRES
APICULTURA-JUBILIAR
POSTA ROMANA 55 BANI

NICARAGUA ₡1.00
CORREOS 1984
FLORA APICOLA BELLISIMA
Antigonon leptopus

НР БЪЛГАРИЯ
Лавандула поща 1987
32 cm. Lavandula vera

1 Kčs ČESKOSLOVENSKO
XIX.
1963 APIMONDIA

Việt nam Ong vàng

40 xu

Bửu chính

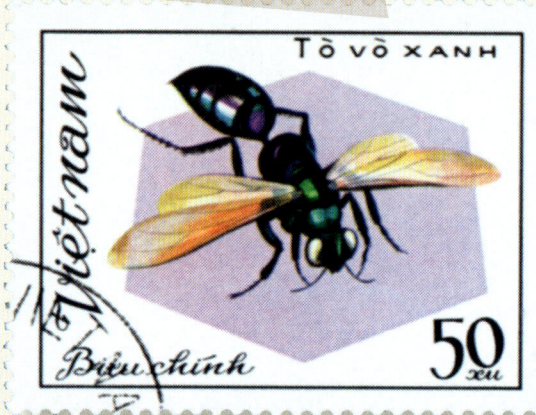

Việt nam Tò vò xanh

50 xu

Bửu chính

40 zł Polska

APIMONDIA '87 PWPN 87

Bombus Agrorum

KZr 3.500.000.00

ANGOLA

POSTA

FLOAREA SOARELUI (VNIIMK)

55 BANI

RVMÎNA

25 USA

4.90

Xylocopa violacea L.

PTT

JUGOSLAVIJA

A. MRKENŠOVIĆ   COURVOISIER

DDR

20   Helianthus - annuus

Blüten im Herbst

Apis mellifica L.   PTT

1.50

JUGOSLAVIJA

Ong đầu nâu

Việt nam

50 xu   Bưu chính

NICARAGUA   C$3.00

AEREO   1984

FLORA APICOLA   MOZOTILLO
Bidens pilosa L.

3.40

Halictus scabiosae Rossi

PTT

JUGOSLAVIJA

A. MILENKOVIĆ   COURVOISIER

KZr 3.500.000.00

NGOLA

Nomada Flavopicta

2000   KZr 3.500.000.00

ANGOLA

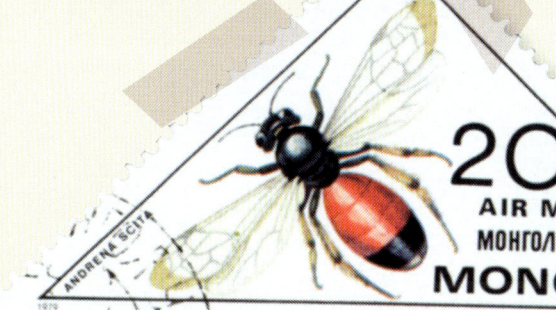

ANDRENA SCITA

20

AIR MAIL

МОНГОЛ ШУУДАН

MONGOLIA

1979

Bienen helfen heilen

Noch häufiger als wegen seines Geschmacks wird Honig wegen seiner Heilkraft genossen. Dass er gegen Erkältung hilft, ist allgemein bekannt. Honig und andere Bienenprodukte können jedoch noch viel mehr! Sie stärken das Immunsystem, bekämpfen Viren und Bakterien, unterstützen die hormonelle Umstellung in den Wechseljahren und mildern sogar die Nebenwirkungen einer Krebstherapie. So muss die bitterste Medizin nicht immer die beste sein: Auch die süße, natürliche Kraft des Honigs lässt Seele und Körper genesen.

Safran cultivé.

»Das Ganze ist mehr als die Summe seiner Teile.«

GEORG WILHELM FRIEDRICH HEGEL

Was ist Apitherapie?

Die Geschichte der Heilung mit Bienenprodukten ist sehr alt und spielt überall auf der Welt eine Rolle – denn Bienen gibt es überall dort, wo auch Pflanzen wachsen. Seit über 6000 Jahren existieren Rezepte für das Heilen mit Bienenprodukten. Apitherapie nennt man die Heilmethoden, bei denen Bienenprodukte zur Vorbeugung, Heilung oder Genesung zum Einsatz kommen. In vielen medizinischen Bereichen ist das möglich – unter anderem in der Dermatologie, Kardiologie, Mikrobiologie und Rheumatologie. Von mindestens 500 Krankheiten ist heute bekannt, dass sie durch Apitherapie gelindert oder geheilt werden können. Honig und Blütenpollen, Gelée Royale und Propolis liefern zusammen mehr als 200 Nähr- und Vitalstoffe.

Dabei kommt es oft nicht auf eine hohe Dosierung an. Gerade die Kombination der Inhaltsstoffe macht Bienenprodukte so wirksam. So fanden australische Biologen heraus, dass bei einigen multiresistenten Mikroorganismen, die durch herkömmliche Antibiotika nicht mehr bekämpft werden können, Honig als wirksame Alternative eingesetzt werden kann. Bereits bei einer minimalen Honigkonzentration von 5 Prozent zeigte sich in Tests die Wirkung auf das multi-resistente Bakterium Staphylococcus aureus, das bei Wundinfektionen sehr gefährlich sein kann. Die Bakterien lösten sich vor den Augen der Wissenschaftler buchstäblich in Luft auf.

Wichtig für den verantwortungsvollen Umgang mit Bienenprodukten ist allerdings, dass diese frisch, sauber und naturbelassen sind. Allergiker sollten vor der Anwendung ihren Arzt befragen. Gerade Bienengift- oder Pollenallergien können der Behandlung mit Bienenprodukten entgegenstehen.

Hilfreicher Honig

Honig ist ein wahrer Nährstoffcocktail, der den Körper mit Energie versorgt und lebenswichtige Stoffwechselprozesse unterstützt. Er bringt Stärkung, wenn es darauf ankommt: Schwangere, Stillende, Sportler, Heranwachsende, sowie alle, die Stress und starken Belastungen ausgesetzt sind, profitieren besonders von dem süßen Energiespender.

Neben schnell verwertbarem Trauben- und Fruchtzucker enthält Honig mehr als 100 Wirkstoffe, die für den Körper unentbehrlich sind, darunter Vitamine, Mineralstoffe und Spurenelemente, organische und anorganische Säuren sowie wertvolle Enzyme und Eiweiße. Die Art der Zusammensetzung macht Honig so wertvoll für den Menschen. Das ganze Produkt ist eben entschieden mehr, als die Summe seiner Teile.

Innerlich angewendet stärkt Honig das Immunsystem und wirkt Entzündungen entgegen. Besonders wirksam ist er bei Infektionen der Atemwege. Daher ist Honig mit Tee oder Milch ein bewährtes Hausmittel gegen Erkältungen. Aber auch gegen Blasen- und Darmentzündungen kann Honig helfen.

Auf die Haut aufgetragen fördert Honig die Wundheilung. Dazu sollte man am besten etwas Honig auf die wunde Stelle geben und sie an der Luft trocknen lassen. Auch als Balsam für aufgesprungene Lippen kann Honig wahre Wunder bewirken.

Was die wenigsten wissen: Auch Herz und Kreislauf profitieren vom Honiggenuss. In Naturheilverfahren wird Honig bei Herzrhythmusstörungen, Bluthochdruck und zur Regeneration nach Herzinfarkten eingesetzt. Er fördert nämlich die Blutbildung und Durchblutung. Unter anderem durch seinen hohen Anteil an Eisen und der Aminosäure Prolin begünstigt Honig die Herstellung des roten Blutfarbstoffes Hämoglobin.

Säuren und Enzyme im Honig regen außerdem die Verdauung und den Appetit an. Bei Appetitlosigkeit oder Verdauungsstörungen ist das goldene Elixier deswegen ebenfalls hilfreich. Auch die Leber – eines der wichtigsten Entgiftungsorgane des Körpers – kommt in Gang, wenn man Honig isst. Das Allgemeinempfinden verbessert sich stark.

Und doch wirkt nicht jeder Honig bei jeder Krankheit gleich. So sollte man zum Beispiel Akazienhonig oder Fenchelhonig gegen Erkältung und Husten einnehmen, bei Erschöpfung zu Bergblütenhonig greifen, bei Leberbeschwerden und Durchblutungsstörungen einen gemischten Blütenhonig oder Kastanienhonig bevorzugen und Heidehonig bei Blasen- und Nierenbeschwerden wählen. Gegen Schlafstörungen, Stress, Nervosität und Kopfschmerzen können Lavendel- oder Melissenhonig helfen. Weißdornhonig hat sich bei Herzschwäche bewährt.

Powerpaket Blütenpollen

Pollen, auch Blütenstaub genannt, sind die männlichen Keimzellen der Blütenpflanze. Rund 40 Kilogramm der winzigen Körnchen sammelt ein Bienenvolk pro Jahr. Denn Blütenpollen dienen als Nahrung für die Larven. Ausfliegende Arbeiterinnen sammeln ihn in ihren Pollenhöschen, die sie an den Hinterbeinen tragen, und vermischen ihn mit Nektar und Speichel. Erst so wird aus dem Blütenstaub das Pollengranulat, das für den Menschen vielfältig einsetzbar ist.

Gerade bei Stress und Überlastung kann Blütenpollen wieder auf die Beine helfen. Der Haupteiweißlieferant der Bienenlarven enthält viele der lebensnotwendigen Aminosäuren, Enzyme, Co-Enzyme und andere Eiweiße, Vitamine, Mineralstoffe, Spurenelemente, Hormone, wertvolle ungesättigte Fettsäuren, aber auch energiereichen, schnell verfügbaren Zucker für unser Gehirn. Diese hoch konzentrierte Mischung an Vitalstoffen macht ihn bei Sportlern beliebt. Aber auch ältere und chronisch kranke Menschen loben seine immunstärkende Wirkung. In vielen ganzheitlich orientierten Kliniken wird Pollen zur Nachbehandlung bei Krebserkrankungen empfohlen. Er lässt Beschwerden nach Operationen schneller abklingen und mildert nachweisbar Nebenwirkungen von Strahlenbehandlungen.

Bewährt hat sich Pollen auch bei Prostataleiden und männlicher Libidoschwäche. Da seine Inhaltsstoffe die Endorphinproduktion im Gehirn anregen, kann er zudem bei Depressionen Linderung verschaffen.

Auch für alle, die wenig Fleisch essen, ist Pollen eine tolle Alternative. Denn 100 Gramm Pollen enthalten genauso viele essenzielle Aminosäuren wie 250 Gramm Rindfleisch oder sieben Eier. Etwa 30 Gramm Pollen reichen also aus, um den Tagesbedarf zu decken.

Pollen verbessert das Allgemeinempfinden, steigert die körperliche und geistige Leistungsfähigkeit und aktiviert die Selbstheilungskräfte. Gesunden Erwachsenen wird eine Dosierung von zweimal täglich 1 Teelöffel empfohlen, die man roh schluckt oder mit Honig, Joghurt oder Müsli vermischt.

Um eine allergische Reaktion auszuschließen, sollte man mit einer geringen Dosis beginnen. Dazu nimmt man am ersten Tag nur ein bis zwei Pollenkörner zu sich, am zweiten Tag drei bis fünf. Wenn sich keine Anzeichen einer Allergie zeigen, kann man mit Pollenmixturen im Honig weitermachen, bis sich der Magen- und Darmtrakt an den Pollen gewöhnt hat. Im Zweifelsfall sollte jedoch immer ein Arzt befragt werden.

Arbeiterinnen beim Füttern der Larven

Gelée Royale – Speise für die Königin

Während sich die Arbeiterinnen mit Honig und Pollen begnügen, steht für die Königin etwas ganz Besonderes auf dem Speiseplan: Gelée Royale. Dieses Wunderelixier sorgt dafür, dass die Königin wesentlich größer und 60- bis 70-mal älter wird als alle anderen Bienen im Stock. Auch geben ihr die hoch dosierten weiblichen Hormone im Gelée Royale die Kraft, bis zu 2000 Eier am Tag zu legen.

Gelée Royale wird zwar manchmal mit Honig vermischt angeboten, ist jedoch selbst kein Honig. Ammenbienen produzieren das Futter der Königin mit einer Drüse am Oberkiefer. Lediglich zwei bis drei Tage ihres Larvenlebens dürfen die anderen Bienen auch von dem wertvollen Saft kosten, den die Königin ihr ganzes Leben lang genießt.

Nicht alle Inhaltsstoffe des kostbaren Gelée Royale konnten bislang identifiziert werden. Sicher ist jedoch, dass es reich an Eiweißen, Mineralstoffen und Spurenelementen ist – ein toller Energiespender. Die im Gelée Royale enthaltene Substanz Acetylcholin wirkt sich besonders positiv auf Gehirn und Nerven aus und steuert so auch Stress und Erschöpfungszuständen entgegen.

Erfolgreich lassen sich mit Gelée Royale auch Impotenz und Beschwerden in den Wechseljahren behandeln, was mit den hormonähnlichen Substanzen zusammenhängt, die im Gelée Royale nachgewiesen werden konnten. Auf den weiblichen Organismus wirkt das Elixier harmonisierend.

Viele wertvolle Vitamine, vor allem der B-Gruppe, machen Gelée Royale außerdem für die Schönheitsindustrie interessant. Es ist Bestandteil vieler Cremes und Masken, weil es die Haut pflegt, Reizungen und Rötungen lindert. Auch die Haare werden durch den Saft der Königin kräftig und glänzend.

Weiselzellen mit Königinlarven, die in Gelée Royale schwimmen

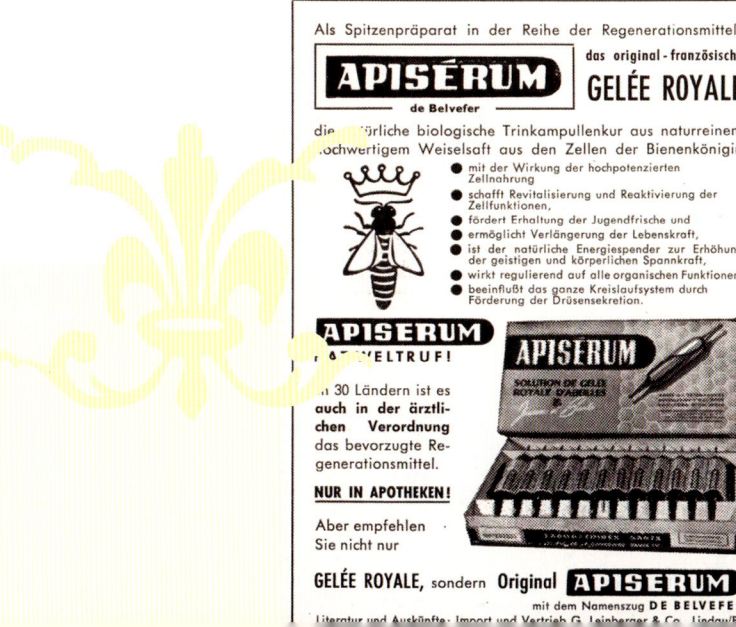

Propolis – der Keimkiller

Bienen sammeln nicht nur Nektar und Pollen – sie benötigen außerdem Kittharz als Baumaterial, das auch Propolis genannt wird. Den Grundstoff für das grünlich braune bis rötliche, klebrige Material sammeln die Arbeiterinnen von harzspendenden Knospen und Baumrinden und vermengen ihn mit ihrem Speichel, damit er geschmeidig wird.

Im Bienenstock dient Propolis als Kitt, mit dem die Waben verklebt und Ritzen abgedichtet werden. Fast noch wichtiger ist vielleicht jedoch eine andere Eigenschaft des geheimnisvollen Materials: Propolis wirkt antibakteriell und antiviral. Es hält den Bienenstock keimfrei! Um die 60 000 Bienen leben im Sommer auf engstem Raum zusammen – mit Propolis schützen sie sich davor, dass Infektionen sich epidemieartig ausbreiten und das ganze Volk gefährden.

Auch größere, totgestochene Eindringlinge, die nicht aus dem Stock entfernt werden können, werden mit einer Schicht Propolis überzogen, um Infektionen zu verhindern. Sie mumifizieren dann ohne zu verwesen. Das haben schon die alten Ägypter beobachtet und den Kittharz der Bienen ebenfalls zum Einbalsamieren der Pharaonen verwendet.

Neben Harz, Balsam, Wachs, ätherischen Ölen, Blütenpollen und Aminosäuren enthält Propolis Mineralstoffe, Eisen, Kupfer, Magnesium, Mangan, Selen, Zink, Vitamine und verschiedene antibiotisch wirksame Stoffe, darunter Flavonoide. Diese Mischung ist hochwirksam: Propolis gilt als das stärkste natürliche Antibiotikum! Eine in Oxford durchgeführte Studie belegt, dass die entzündungshemmenden Eigenschaften von Propolis die der Acetylsalicylsäure – dem Wirkstoff in Aspirin – um das Doppelte übersteigen. Gleichzeitig unterstützt das Bienenprodukt die Fresszellen im menschlichen Immunsystem, aktiviert die Thymusdrüse und bekämpft freie Radikale, sodass die Genesung schneller voranschreitet. Während viele pharmazeutische Antibiotika den Organismus schwächen, stärkt Propolis ihn.

Das Bienenprodukt hilft gegen viele Erkrankungen: Besonders bewährt hat sich die Einnahme von Propolis-Tinktur zur Vorbeugung und Behandlung von Entzündungen und Erkältungen. Ob Nasennebenhöhlen, Ohren oder Mund- und Rachenraum – Propolis unterstützt die Heilung. Auch Hautkrankheiten, insbesondere Akne, lassen sich mit einer Hautcreme, die Propolis enthält, bekämpfen. Sehr gut wirkt das Bienenpräparat auch bei Zahnfleischentzündungen. Manchen natürlichen Zahnpasten wird daher auch Propolis beigemischt.

Bei Gelenkschwellungen wirken Umschläge mit Propolissalbe aus der Apotheke lindernd. Das Kittharz hilft sogar gegen einen »Tennisarm«, den nicht nur Sportler bekommen können, sondern auch andere, die ein Gelenk einseitig belasten – was auch bei Schreibtischarbeit passieren kann.

Erfahrungen mit Krebspatienten zeigen überdies, dass Propolis der Ausbreitung von Tumorzellen entgegenwirkt. Denn das Bienenprodukt vermindert die Eiweiß-Spaltung im Körper und stimuliert die Lymphozyten. Seine ganzheitlich harmonisierende Wirkung macht die Anwendungsmöglichkeiten unglaublich vielfältig. So kann Propolis auch antidepressiv wirken.

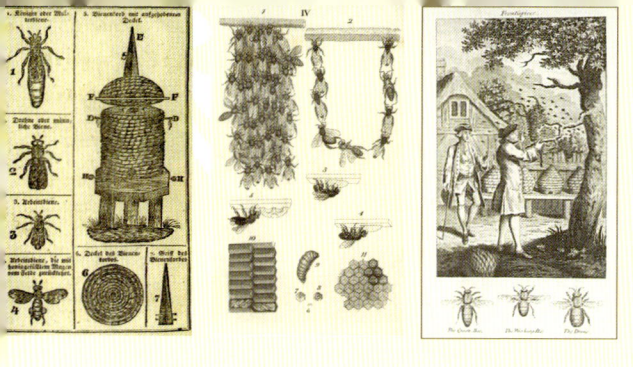

Vorsicht ist allerdings wieder für Allergiker geboten. Sie sollten Propolis in jedem Fall nur in Absprache mit dem Arzt verwenden.

Wegen des Arzneimittelgesetzes ist der freie Verkauf von Propolis in manchen Bundesländern nicht gestattet – das Bienenpräparat ist nicht offiziell als Arzneimittel zugelassen. In anderen Bundesländern gibt es keine Regelung. Dort findet man Propolis-Tinktur oder Salbe an Imkerständen auf Wochenmärkten.

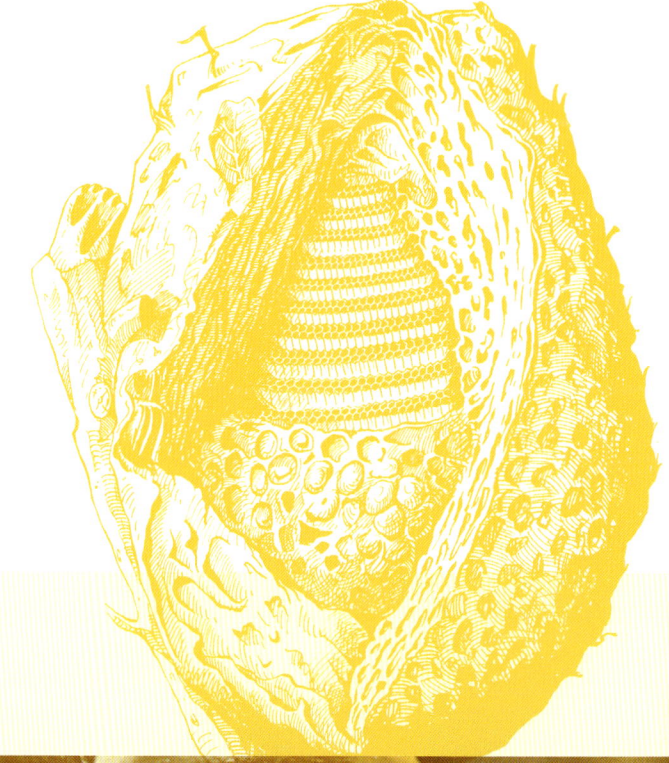

Waben mit Resten von Kittharz

Schwärmen für Honig: Rezepte von Spitzenköchen

Ob Ziegenkäse mit Lindenhonig, Erdartischockensüppchen mit Waldhonig, Kabeljau mit Löwenzahnhonig, Rinderstreifen mit Kastanienhonig oder eine Mousse mit Orangenblütenhonig zum Dessert – das süße Bienengold ist in der Küche vielseitig einsetzbar. In jedem Fall sorgt es für Raffinesse und Sinnlichkeit. Das beweisen die Spitzenköche, die wir für dieses Buch um ihre ganz persönlichen Honigrezepte gebeten haben.

Auch in der Cocktail-Bar ist Honig als wunderbar natürliche Zutat einsetzbar und bereichert das Aroma der exotischen Mixgetränke – ganz gleich, ob sie mit oder ohne Alkohol gewünscht werden. Das zeigen »HoneyFit«, der belebende Fruchtsaft-Cocktail mit Waldhonig, der leicht bittere »Santana« mit Corralejo blanco, Grapefruitsaft und Akazienhonig und der »Honig-Fitness-Cocktail mit Aloe Vera«.

Die Cocktails »Santana« und »Honey Fit« wurden kreiert von **PINO TRISOLINO**, Barchef des Martitim Hotels München
Maritim Hotel München | Goethestraße 7 | 80336 München | www.maritim.de

Santana

(mit Alkohol)

2 cl Corralejo blanco (100 % Agave Tequila)
4 cl Grapefruitsaft
2 cl Akazienhonig
1 Cocktailkirsche

Corralejo blanco, Grapefruitsaft und Honig zusammen mit zerstoßenem Eis kurz und kräftig im Shaker schütteln und in eine vorgekühlte Cocktailschale geben. Mit einer Cocktailkirsche garnieren.

Honey Fit

(ohne Alkohol)

6 cl Erdbeermark (aus frischen, pürierten Erdbeeren
   und Erdbeersirup)
6 cl frisch gepresster Orangensaft
6 cl Maracujanektar
5 cl Waldhonigsirup (Waldhonig mit etwas Wasser)
Limette, Physalis

Erdbeermark, Säfte und Honigsirup zusammen mit viel zerstoßenem Eis kräftig im Shaker schütteln und auf Eis in ein Tropical-Glas gießen. Mit einer Limettenscheibe und Physalis garnieren.

Honig-Fitness-Cocktail mit Aloe Vera

(ohne Alkohol)

2 TL Orangenblütenhonig
4 cl Aloe-Vera-Saft
1 cl Limettensaft
7 cl Maracujanektar
5 Blatt frische Minze
Eiswürfel
Orangenspirale und Minzblätter

Alle Zutaten in einen Shaker geben und kräftig durchschütteln. Anschließend mit Crushed Ice in ein Glas geben und mit einer Spirale aus Orangenschale und etwas Minze dekorieren.

Tipp: Nach Belieben mit etwas Prosecco verfeinern.

Dieses Rezept wurde kreiert von **HOLGER STROMBERG**

Stromberg* Catering | F. E. B. GmbH | Balanstraße 73 Haus 32 Erdgeschoss | 81541 München | www.holgerstromberg.de

Ziegenfrischkäse mit Lindenhonig gratiniert auf Kräutersalat

Rezept für 4 Personen

Für die Pfeffer-Vinaigrette:

1 TL rosa Pfefferbeeren, getrocknet
2 EL Olivenöl
10 Blatt frisches Basilikum
60 ml Geflügelfond
½ EL Balsamico-Essig
2 TL Lindenhonig
1 Prise Meersalz

Für den Salat:

1 kleines Bund Brunnenkresse
1 kleines Bund glatte Petersilie
1 kleines Bund Basilikum
1 kleines Bund Kerbel
etwas frischer Estragon
200 g Blattsalat der Saison

Außerdem:

150 g Ziegenfrischkäserolle
2 EL Lindenhonig (alternativ Lavendelhonig)

Für die Vinaigrette die rosa Pfefferbeeren zerreiben. 1 Teelöffel Olivenöl in einer kleinen Pfanne erhitzen, die Basilikumblätter darin frittieren und anschließend klein hacken. Durch das Frittieren behält das Basilikum in der Vinaigrette seine grüne Farbe und wird etwas nussiger.

Übriges Olivenöl mit Geflügelfond, Essig und Honig in einer großen Schüssel verrühren. Mit Salz und Pfefferschalen abschmecken. Basilikum unterrühren.

Für den Salat alle Kräuter kalt abbrausen und trocken schütteln. Die Blätter abzupfen und größere Blätter klein schneiden. Blattsalat verlesen, abbrausen und trocken schleudern.

Ziegenfrischkäse in ca. 2 Zentimeter dicke Scheiben schneiden, auf ein mit Backpapier ausgelegtes Backblech legen und mit Honig bestreichen. Unter dem vorgeheizten Grill den Käse karamellisieren lassen, bis er eine hellbraune Farbe hat.

Kräuter und Salat mit der Vinaigrette in eine Schüssel geben und behutsam mischen. Salat auf Tellern anrichten und den Ziegenkäse daraufsetzen.

Tipp: Die oben angeführten Kräuter können durch einen Strauß gemischte Wildkräuter (zum Beispiel Borretsch, Franzosenkraut, Gelbsenf, Löwenzahn, Pimpernelle, Taubnessel, Wiesenkerbel) ersetzt werden. Wer sich damit auskennt, sammelt die Wildkräuter am Wegesrand.

Den Salat können Sie zusätzlich mit gerösteten Pinienkernen, klein gehackten getrockneten Früchten (zum Beispiel Aprikose, Birne) oder Brotcroûtons bestreuen.

Dieses Rezept wurde kreiert von **HOLGER STROMBERG**

Stromberg* Catering | F. E. B. GmbH | Balanstraße 73 Haus 32 Erdgeschoss | 81541 München | www.holgerstromberg.de

In Sesam und Kastanienhonig gegarte Rinderstreifen auf Honig-Wokgemüse

Rezept für 4 Personen

500 g Rinderfilet
4 EL Kastanienhonig
   (alternativ Heidehonig)
12 EL weißer Sesam
2 EL Erdnussöl
½ Knoblauchzehe, fein gehackt
200 g Zuckerschoten, geputzt
1 rote Paprikaschote, in Streifen
   geschnitten
100 g Champignons, geviertelt
2 Karotten, in Scheiben geschnitten
3 Frühlingszwiebeln, in Ringe
   geschnitten
50 g weißer Rettich
50 g Sojabohnensprossen, gewaschen
1 Peperoni, entkernt und fein gehackt
1 walnussgroßes Stück Ingwerwurzel,
   gerieben
4–6 EL Sojasauce
abgeriebene Schale von
   ½ unbehandelten Limette
1 Prise Meersalz
Pfeffer aus der Mühle
1 TL Sesamöl
einige frische Korianderblättchen

Das Rindfleisch in ca. 1 Zentimeter dicke Streifen schneiden und mit 2 Esslöffeln Kastanienhonig vermengen. Die einzelnen Fleischstreifen anschließend in Sesam wenden und auf ein mit Backpapier ausgelegtes Backblech legen. Im vorgeheizten Backofen bei Umluft und 60–80 °C ca. 15–20 Minuten garen. Das Fleisch bleibt bei dieser Temperatur wunderbar saftig und der Honig sowie der Sesam entfalten ihren Geschmack.

Inzwischen Erdnussöl in einem Wok oder einer tiefen Pfanne erhitzen. Knoblauch darin anbraten. Das vorbereitete Gemüse, die Peperoni und den Ingwer zugeben und ca. 6 Minuten unter Rühren braten. Den restlichen Honig, die Sojasauce und die Limettenschale unterrühren. Mit Salz und Pfeffer abschmecken und mit Sesamöl verfeinern.

Die Rinderstreifen auf dem Gemüse anrichten und mit klein gezupften Korianderblättchen bestreuen.

Dazu duftigen Basmatireis reichen.

Tipp: Ersetzt man die Hälfte des Sesams durch schwarzen Sesam, so ergibt sich ein raffinierter Farbeffekt.

Dieses Rezept ist eine Kreation von **CORNELIA POLETTO**
Poletto | Eppendorfer Landstraße 145 | 20251 Hamburg | www.poletto.de

Gegrillte Garnelen mit Rettich in Sommerblüten-honig-Marinade

Rezept für 4 Personen

Für die Garnelen:

12 rohe Riesengarnelen (mit Schale)
3 EL Olivenöl
1 TL Sommerblütenhonig
1 Spritzer Zitrone
4 Knoblauchzehen, geschält und in
  Scheiben geschnitten
je 1 Prise Meersalz, getrocknete
  Chiliflocken

Für den Rettich:

1 kleiner Rettich
Salz
1 EL Sommerblütenhonig
2–3 EL Himbeeressig
3 EL Olivenöl
1 TL rote Pfefferbeeren
50 g Kräuter zum Garnieren

Die Garnelen bis auf das letzte Segment schälen, entdarmen, abspülen und auf Küchenpapier abtropfen lassen. Das Öl mit Honig, Zitrone und Knoblauch in einer Schüssel verrühren und die Garnelen darin im Kühlschrank 2 Stunden marinieren.

Den Rettich schälen, in dünne Scheiben schneiden, salzen und 30 Minuten ziehen lassen. Danach das Rettichwasser abgießen. Den Honig mit Himbeeressig und Öl verrühren. Die Vinaigrette mit dem Rettich und den Pfefferbeeren in einer Schüssel mischen und mit Salz abschmecken. Die Kräuter abbrausen und in der Salatschleuder trocknen.

Zur Fertigstellung die Garnelen aus der Marinade nehmen, abtropfen lassen und von beiden Seiten ca. 2–3 Minuten grillen. Mit Meersalz und Chiliflocken würzen. Den Rettich auf vier Teller verteilen und mit Kräutern und Garnelen garnieren.

Tipp: Alternativ zum Sommerblütenhonig bietet sich für dieses Gericht der seltenere, aber exquisite Himbeerblütenhonig an, um die fruchtige Note der Marinade zu unterstreichen.

Das Erdartischockensüppchen ist eine Kreation von **JÖRG MICHAEL**, Chefkoch des Maritim Hotels München
Maritim Hotel München | Goethestraße 7 | 80336 München | www.maritim.de

Erdartischockensüppchen mit Waldhonig und Spargelchips

Rezept für 8 Personen

Für das Erdartischocken- süppchen:

*800 g Topinambur
   (auch Erdartischocke genannt)
80 g Schalotten
100 g Butter
80 ml Weißweinessig
600 ml Gemüsebrühe
1 Lorbeerblatt
300 ml Sahne
30 ml Balsamico bianco
50 g Waldhonig
Salz und weißer Pfeffer, frisch
   gemahlen*

Für die Spargelchips:

*80 g weißer Spargel, geschält
Waldhonig, Olivenöl*

Für das Süppchen den Topinambur und die Schalotte schälen und in feine Würfel schneiden. Beides in 40 Gramm der Butter hell anschwitzen, mit Weißweinessig ablöschen und mit Gemüsebrühe auffüllen. Ein Lorbeerblatt zugeben und die Suppe ca. 10–15 Minuten köcheln lassen, bis der Topinambur weich ist.

Das Lorbeerblatt entfernen und der Suppe mit dem Pürierstab eine sämige Konsistenz verleihen. Die Sahne eingießen und mit Balsamico bianco abschmecken. Mit Salz und Pfeffer würzen, gegebenenfalls mit etwas Wasser verdünnen. Die restliche Butter zugeben und nochmals kräftig pürieren. Je nach Geschmack mit dem Waldhonig vollenden.

Für die Spargelchips den rohen, geschälten weißen Spargel in feine, schräge Scheiben schneiden. Ein Blech mit Backpapier auslegen und die Chips daraufgeben. Etwas Waldhonig mit lauwarmem Wasser verrühren und mit Olivenöl vermischen, bis eine leichte Emulsion entsteht. Mit einem Pinsel über die Spargelscheiben streichen und unter dem Backofengrill leicht karamellisieren lassen. Warm oder kalt auf der Suppe arrangieren.

Dieses Rezept wurde kreiert von **HOLGER ZURBRÜGGEN**
Restaurant Balthazar | Kurfürstendamm 160 | 10709 Berlin | www.balthazar-restaurant.de

Kalbsfilet mit Blutorangensabayone, Honig-Risotto und Spargelpäckchen

Rezept für 4 Personen

1 Schalotte, gewürfelt
Olivenöl, Lorbeerblatt
80 g Carnaroli-Risottoreis
200 ml Gemüsefond
½ TL Berbere-Gewürzmischung
1 TL Blütenhonig
1 Zweig Koriander
1 Zweig Minze
560 g Kalbsfilet
4 Eigelb
2 Blutorangen, entsaftet
100 ml geklärte Butter
12 Stangen Spargel
1 Zweig Thai-Basilikum
2 Brickblätter
Salz, Pfeffer

Für das Honig-Risotto Schalottenwürfel, Lorbeerblatt, Olivenöl und Risottoreis anschwitzen. Heißen Gemüsefond, Berbere und Honig angießen und bei geringer Hitze 14 Minuten garen. Danach den Koriander, die Minze und etwas kalte Butter hinzufügen und abschmecken.

Das Kalbsfilet am Stück würzen und in Olivenöl 1–2 Minuten anbraten. Im vorgeheizten Ofen bei 180 °C ca. 4 Minuten garen, danach 10 Minuten bei 90 °C gar ziehen lassen.

Für die Sabayone das Eigelb mit dem Blutorangensaft im Wasserbad zur Rose abziehen und danach vorsichtig die lauwarme, geklärte Butter unterheben. Mit Salz und Pfeffer abschmecken.

Den Spargel schälen, mit etwas Butter, Salz und Thai-Basilikum würzen. Ein halbes Brickblatt ausbreiten, einbuttern und den Spargel darin einschlagen. Die Päckchen im Ofen bei 200 °C für 9–12 Minuten garen.

Das Kalbsfilet mit der Blutorangensabayone, dem Honig-Risotto und den Spargelpäckchen anrichten.

Eismeerkabeljau mit Löwenzahnhonig, Mumbai-Curry, Krustentierlack und Letscho

Rezept für 4 Personen

Für den Kabeljau:
*400 g Kabeljaufilet (möglichst vom
    dicken Mittelstück)
60 g grobes Meersalz
10 g brauner Zucker
1 EL Mumbai-Curry
1 EL Löwenzahnhonig
100 ml Olivenöl
1 Zweig Thymian*

Für den Krustentierlack:
*200 ml Hummerfond
4 Tasmanische Pfefferkörner,
    grob zerstoßen
1 EL Löwenzahnhonig
2 EL alter Balsamico-Essig
1 EL Sojasauce*

Fisch waschen, trocken tupfen, mit Meersalz und Zucker von beiden Seiten gut einreiben und in Frischhaltefolie wickeln. 48 Stunden im Kühlschrank durchziehen lassen.

Danach auspacken, waschen und trocken tupfen. Mumbai-Curry mit dem Honig verrühren und damit die Hautseite des Kabeljaus bestreichen. Mit Folie bedecken, mit einem Teller beschweren und noch einmal 12 Stunden im Kühlschrank marinieren.

Den Fisch in vier gleichmäßige Würfel schneiden, diese in ein tiefes Blech setzen. Olivenöl und Thymianzweig dazwischen verteilen. Bei 65 °C im Backofen (Umluft) in etwa 18 Minuten glasig confieren. Den Fisch herausnehmen und kurz mit dem Gourmetbrenner karamellisieren.

Für den Krustentierlack alle Zutaten bei kleiner Hitze langsam einkochen. Es sollte ein leichter Sirup entstehen. Zum Schluss den Lack durch ein mittelgrobes Sieb streichen.

Für das Letscho:

500 g rote Paprikaschoten, enthäutet
400 g Fleischtomaten, enthäutet
100 g Schalotten, fein gewürfelt
1 Knoblauchzehe, fein gewürfelt
2 EL Olivenöl
80 g Chorizo, fein gewürfelt
Meersalz
Harissa
Zitronenschale, fein gehackt
Kreuzkümmel
Thymianhonig

Für den Limettenschaum:

100 ml eingekochter Fischfond
Saft und Schale von ½ Limette
1 Messerspitze Lecithin
   (aus der Apotheke)
Meersalz

Für das Letscho die Paprika in kleine Würfel schneiden, die Paprikaschalen und -abschnitte entsaften und den Saft stark einkochen. Das Fruchtgehäuse der Fleischtomaten entfernen und die Tomaten dann in feine Würfel schneiden. Schalotten mit Knoblauch und Olivenöl glasig anschwitzen. Paprikawürfel dazugeben und mitdünsten.

Tomatenwürfel, reduzierten Paprikasaft und Chorizo hinzufügen und 20 Minuten bei kleiner Hitze köcheln lassen. Mit Meersalz, Harissa, Zitronenschale, Kreuzkümmel und Thymianhonig abschmecken.

Fischfond auf 80 °C erwärmen und mit Meersalz, Saft und Schale der Limette abschmecken. Das Lecithin dazugeben und mithilfe eines Mixstabes aufschäumen.

Zum Anrichten den Krustentierlack mit einem Pinsel auf die Teller streichen. Je ein Kabeljaufilet darauf platzieren. Das Letscho mithilfe eines Metallrings anrichten, den Limetteschaum danebensetzen.

Dieses Rezept ist eine Kreation von **CORNELIA POLETTO**
Poletto | Eppendorfer Landstraße 145 | 20251 Hamburg | www.poletto.de

In Olivenöl pochierter Wildlachs auf gebratenem Chicorée und rosa Grapefruit in Orangenblütenhonigvinaigrette

Rezept für 4 Personen

4 Tranchen vom Wildlachs à 150 g
1 Zweig Zitronenthymian
6 EL Olivenöl
4 Chicorée
1 rosa Grapefruit
2 EL Orangenblütenhonig
1 EL Honig-Essig
1 Zweig Estragon
Salz, Pfeffer aus der Mühle

Die Lachstranchen mit dem Zitronenthymian auf ein kleines Blech (oder in eine Auflaufform) legen. Mit 4 Esslöffeln Olivenöl beträufeln. Im auf 90 °C vorgeheizten Backofen ca. 15 Minuten garen. Der Fisch soll am Ende noch glasig sein.

In der Zwischenzeit den Chicorée putzen, die Blätter abzupfen und den Strunk herausschneiden. Die Grapefruit schälen und filetieren.

Das übrige Olivenöl erhitzen. Den Chicorée darin anbraten und mit dem Honig leicht karamellisieren. Mit dem Honig-Essig ablöschen und die Grapefruitfilets beifügen. Den Estragon fein hacken. Alles mit Salz, Pfeffer und Estragon abschmecken.

Die Chicoréeblätter sternförmig auf dem Teller anrichten. Den Lachs salzen und auf den Chicorée setzen. Abschließend mit Honig-Grapefruit-Vinaigrette beträufeln.

Dieses Rezept wurde kreiert von **MATTHIAS BUCHHOLZ**, Küchenchef des First Floor
Hotel Palace Berlin | Budapester Straße 45 | 10787 Berlin | www.palace.de

Rehrücken unter einer Honig-Thymian-Kruste

Rezept für 4 Personen

Für die Honig-Thymian-Kruste:

100 g Butter
10 Zweige Thymian
1 Eigelb
30 g Waldhonig
etwas Limonenabrieb
60 g Mie de pain
Salz und Pfeffer, frisch gemahlen

Für den Rehrücken:

ca. 600 g Rehrücken ohne Sehnen
Thymianzweige
Honig
Salz, Pfeffer

Für die Honig-Thymian-Kruste die Butter mit der Hälfte der Thymianzweige erhitzen und auskühlen lassen. Bevor die Butter wieder fest wird, die Thymianzweige herausnehmen. In der Zwischenzeit die andere Hälfte vom Thymian zupfen und die Blätter fein hacken. Nun die Butter mit einem Handrührgerät schaumig schlagen und wenn sie weiß ist, das Eigelb zugeben. Den Honig und die anderen Gewürze einarbeiten. Zum Schluss das Mie de pain mit einem Teigschaber unterheben. Die Masse etwa 5 Millimeter dick auf Pergamentpapier streichen und bis zur weiteren Verarbeitung kalt stellen.

Den Rehrücken in einer heißen Pfanne mit Bratfett von allen Seiten anbraten und in einer ofenfesten Auflaufform bei ca. 140 °C Umluft für etwa 12 Minuten garen. Dabei das Fleisch alle 4 Minuten wenden. Anschließend für 6 Minuten ruhen lassen. Dann in einer Pfanne etwas Butter zerlaufen lassen und einige Thymianzweige zugeben, etwas Honig und den Rehrücken darin nachbraten. Mit Salz und Pfeffer würzen, die Kruste auflegen, gratinieren und anrichten.

Dazu passen wunderbar Schwarzwurzeln, Rosenkohlblätter und ein paar Spätzle.

Handgemachte Tortelloni, gefüllt mit confierter Gänsekeule auf Kastanienhonigkraut

Rezept für 4 Personen

Für die Füllung:

2 Gänsekeulen
50 g Gänseschmalz
1 Bund Thymian
Salz, Pfeffer aus der Mühle

Für den Nudelteig:

125 g Mehl
75 g Nudelgrieß (Hartweizengrieß)
2 Eier (Größe L)
1 Prise Salz
1 Eiweiß

Die Gänsekeulen salzen, pfeffern und von beiden Seiten anbraten. Das Gänseschmalz dazugeben, mit dem Thymian im 90 °C heißen Backofen ca. 5 Stunden garen.

In der Zwischenzeit alle Zutaten für den Nudelteig (bis auf das Eiweiß) zu einem glatten Teig verarbeiten. In Frischhaltefolie im Kühlschrank mindestens 1 Stunde ruhen lassen.

Für das Honigkraut das Gänseschmalz erhitzen und die Schalottenwürfel darin anschwitzen. Den Kastanienhonig oder alternativ den Heidehonig zufügen und verrühren. Sauerkraut, Weißwein, Apfel- und Orangensaft dazugeben und mit den Gewürzen 15 Minuten garen. Mit Salz und Pfeffer abschmecken und mit der Butter verfeinern.

Für die Pfeffersauce die Schalotte zusammen mit dem Pfeffer in der Butter anschwitzen. Mit Cognac ablöschen, kurz reduzieren lassen und mit dem Geflügelfond auffüllen. Alles ca. 30 Minuten köcheln lassen. Butter in kleinen Stückchen unterrühren. Mit Salz abschmecken. Anschließend alles durch ein Spitzsieb passieren.

Dieses Rezept ist eine Kreation von **CORNELIA POLETTO**
Poletto | Eppendorfer Landstraße 145 | 20251 Hamburg | www.poletto.de

Für das Kastanienhonigkraut:

2 EL Gänseschmalz
2 Schalotten, fein gewürfelt
2 EL Kastanienhonig (alternativ
Heidehonig)
200 g frisches Sauerkraut
je 50 ml Weißwein, Apfelsaft,
Orangensaft
1 Nelke
2 Lorbeerblätter
1 EL Butter
Salz und Pfeffer, aus der Mühle

Für die Pfeffersauce:

1 Schalotte, fein gewürfelt
50 g weiße Pfefferkörner
20 g Butter
2 cl Cognac
200 ml Geflügelfond
50 g Butter
Salz
2 EL geschlagene Sahne

Die gegarten Gänsekeulen vom Knochen lösen und in feine Würfel schneiden. Mit Salz und Pfeffer abschmecken.

Den Nudelteig dünn ausrollen und Kreise von ca. 7 Zentimetern Durchmesser ausstechen. Je 1 Teelöffel Gänsekeulenfüllung auf die Kreise geben, die Ränder mit Eiweiß bepinseln und zu Tortelloni formen.

Die Tortelloni in reichlich sprudelndem Salzwasser 2–3 Minuten garen, dann abgießen und gut abtropfen lassen. Das Honigkraut und die Pfeffersauce erhitzen. Die Pfeffersauce kurz mit dem Schneidstab aufschlagen, die Sahne unterziehen. Die Tortelloni auf vier Tellern anrichten, das Honigkraut dazugeben und mit der leicht aufgeschäumten Pfeffersauce garnieren.

Dieses Rezept ist eine Kreation von **ALEXANDER HERRMANN**
Herrmann's Romantik Posthotel & Restaurant | Marktplatz II | 95339 Wirsberg | www.alexander-herrmann.de

Geeister Lindenhonig-Apfel mit rosa Pfeffer

Rezept für 2–4 Personen

1 Granny Smith Apfel
½ Zitrone
3 cl Wodka
1 ½ EL Lindenblütenhonig
½ TL rosa Pfefferbeeren

Den Apfel gut waschen und samt Schale auf einer Reibe jeweils bis zum Kerngehäuse grob raspeln, sofort mit etwas Zitrone und dem Wodka verrühren. Nun den Lindenhonig sowie die grob zerdrückten rosa Pfefferbeeren hinzugeben. Die Masse auf mehrere Esslöffel locker verteilen und 30–40 Minuten im Tiefkühlfach anfrieren, anschließend sofort servieren.

Lindenblüten-Honig

Dieses Rezept ist eine Kreation von **CORNELIA POLETTO**
Poletto | Eppendorfer Landstraße 145 | 20251 Hamburg | www.poletto.de

Orangenblütenhonig-Mousse mit Zwergorangenkompott

Rezept für 4 Personen

Für das Zwergorangenkompott:

200 g Zwergorangen (Kumquats)
1 EL Zucker
30 g Butter
50 g Orangenblütenhonig
1 Schuss Orangensaft

Für die Orangenblütenhonig-Mousse:

1 Blatt weiße Gelatine
100 g weiße Kuvertüre
1 Eigelb (Größe L)
1 Ei (Größe L)
50 g Orangenblütenhonig
1 cl Grand Marnier
250 g Schlagsahne

Für das Zwergorangenkompott einen Topf mit 1 Liter Wasser und dem Zucker zum Kochen bringen. Die Zwergorangen waschen, dazugeben und im siedenden Wasser weich garen. Anschließend in Eiswasser abschrecken und in dünne Scheiben schneiden. Die Butter mit dem Honig und 1 Schuss Orangensaft zum Kochen bringen, die Zwergorangen dazugeben und bei geringer Hitze einkochen.

Für die Orangenblütenhonig-Mousse die Gelatine in kaltem Wasser einweichen. Kuvertüre hacken, in eine Schüssel geben und im Wasserbad schmelzen. Eigelb und Ei mit dem Honig schaumig aufschlagen. Grand Marnier leicht erhitzen. Gelatine tropfnass hineingeben, darin auflösen und zügig unter die Eimasse rühren. Die Kuvertüre ebenfalls unterrühren. Sahne steif schlagen und unterziehen. Die fertige Honig-Mousse in eine Schüssel geben und abgedeckt im Kühlschrank mindestens 2 Stunden kalt stellen.

Zum Anrichten von der Mousse ein bis zwei Nocken mit zwei in kaltes Wasser getauchten Esslöffeln abstechen und das warme Zwergorangenkompott dazu servieren.

Tipp: Statt des Orangenblütenhonigs eignet sich auch Akazienhonig mit seinem zarten Aroma für dieses festliche Dessert. Verwendet man den Honiglikör Bärenfang anstelle des Grand Marniers, so wird der Honig-Charakter dieses Desserts noch zusätzlich unterstrichen.

Quarkspeise mit Akazienhonig, Vanille und Gewürz-Heidelbeeren

Rezept für 4 Personen

Für die Gewürz-Heidelbeeren:

200 g Heidelbeeren (TK)
1½ EL Akazienhonig
abgeriebene Schale und Saft von
½ unbehandelten Zitrone
abgeriebene Schale und Saft von
½ unbehandelten Orange
1 Schuss Rotwein
2 kleine Zimtstangen
2 Sternanis
1 Nelke
½ TL Kardamom
½ TL Speisestärke

Für die Quarkspeise:

300 g Magerquark
100 g Joghurt
1½ EL Akazienhonig
Mark von 1 Vanilleschote
abgeriebene Schale und Saft von
1 unbehandelten Zitrone

Außerdem:

einige Minzzweige zum Garnieren

Heidelbeeren in einem Sieb über einem Topf auftauen lassen und den Saft auffangen. Den Honig in einen flachen, breiten Topf geben und mit Zitronen- und Orangensaft ablöschen. Rotwein und Heidelbeersaft zugießen, Gewürze, Zitronen- und Orangenschale zugeben und ca. 5 Minuten köcheln lassen. Sauce durch ein Sieb in einen zweiten Topf gießen. Speisestärke mit 1 Esslöffel kaltem Wasser verrühren, unter die Sauce rühren und 30 Sekunden kochen, bis sie eingedickt ist. Die Heidelbeeren zugeben, einmal aufkochen, Topf vom Herd ziehen und abkühlen lassen.

Quark, Joghurt, Honig, Vanillemark, Zitronenschale und -saft miteinander verrühren. Quark und Gewürz-Heidelbeeren übereinandergeschichtet in Gläsern anrichten und mit Minze garnieren.

Honigzwieback »Pain d'epice«

*Ein Zwieback ohne Hefe auf Basis einer »Wiener Masse«,
d. h. auf Basis eines leichten Sandkuchens.*

Rezept für ca. 28 Scheiben

140 g Weizen- oder Dinkelmehl Type 405
140 g Weizen- oder Maisstärke
1 TL Zimt
1 TL gemahlener Ingwer
1 TL Anis
1 TL gemahlene Muskat
1 Prise gemahlene Nelken
80 g Butter
8 Eier
120 g Honig
60 g Zucker
1 Prise Salz

Zuerst den Backofen auf 170 °C vorheizen und zwei Kastenkuchenformen (ca. 1,5 Liter Volumen) fetten und bemehlen.

In einer großen Schüssel das Mehl mit der Stärke mehrmals durchsieben, damit sie sich gut vermischen. Ingwer, Anis, Muskat und Nelke hinzugeben.

Die Butter in einem kleinen Töpfchen zerlassen.

Eier, Honig, Zucker und Salz in einem Wasserbad lauwarm erhitzen. Mit einem elektrischen Handrührgerät so lange schlagen, bis ein relativ stabiler, voluminöser Schaum entstanden ist. Die Mehl-Gewürz-Mischung von Hand unterheben, danach die zerlassene Butter in einem dünnen Strahl einfließen lassen und alles gut von Hand vermengen. Diese Masse auf die zwei Backformen verteilen und für 35–50 Minuten bei 170 °C im Ofen backen. Mit einem Messer nach etwa 5 Minuten längs einritzen.

Nach dem Backen auskühlen lassen und in etwa 1 Zentimeter dicke Scheiben schneiden. Diese Scheiben auf einem Rost bei 140 °C durchtrocknen lassen. Dabei die Ofenklappe eventuell etwas geöffnet lassen, sodass die Feuchtigkeit einweichen kann.

Honig-Cookies

Rezept für 20–25 Cookies

280 g Weizenmehl Type 405 oder 550
1 TL Natron oder Backpulver
1 TL Salz
250 g Haferflocken
75 g Sesam
75 g Sonnenblumenkerne
250 g gehackte Zartbitterkuvertüre
250 g weiche Butter
220 g Honig
2 Eier

Das Mehl mit dem Natron, dem Salz, den Haferflocken, dem Sesam, den Sonnenblumenkernen und der gehackten Zartbitterkuvertüre vermischen und beiseitestellen.

In einer Küchenmaschine oder mithilfe eines elektrischen Handrührgerätes die Butter mit dem Honig schaumig schlagen. Die Eier in einer Tasse verrühren. Jeweils ein Viertel der Eimasse nach und nach in die Honig-Mehl-Mischung geben und weiter schaumig schlagen. Die trockenen Zutaten dann mit der Hand unterheben.

Ein Backblech mit Backpapier auslegen und 20–25 kleine Teighäufchen darauf verteilen. Mit nassen Händen etwas flach drücken. Im vorgeheizten Backofen bei 190 °C etwa 20 Minuten backen.

Honig-Mohn-Kuchen

Für die Kuchenfüllung:

700 ml Milch
100 g Honig
je 1 Prise Zimt, Kardamom und Salz
45 g Polenta
225 g gequetschter Mohn
60 g Butter

Für den Mürbeteig:

125 g Butter
75 g Honig
1 Prise Salz
100 g Weizenmehl Type 550
1 TL Backpulver
1 Ei

In einem Topf Milch, Honig und die Gewürze aufkochen lassen, dann die Polenta zugeben und bei geringer Hitze 10 Minuten köcheln lassen. Mohn und Butter unterrühren, vom Herd nehmen und 1–2 Stunden quellen lassen.

Für den Mürbeteig die Butter, den Honig und 1 Prise Salz von Hand zu einem glatten Teig kneten. Das Weizenmehl und das Backpulver sorgfältig vermischen und mit der Buttermischung und dem Ei zu einem sehr weichen Teig verkneten.

Eine Springform (Durchmesser 24 Zentimeter) mit Backpapier auslegen, den Mürbeteig gleichmäßig in die Form drücken. Die Mohnmasse hineingeben, glatt streichen und im vorgeheizten Ofen bei 200 °C 50–55 Minuten backen.

Diese Rezepte sind eine Kreation von **ARND ERBEL**
Bäckerei Arnd Erbel | Hindenburgplatz 1 | 91462 Dachsbach | www.erbelbrot.de

Honig-Milchreis-Kuchen

450 ml Milch
200 g Honig
90 g Milchreis
4 Eier
200 g sehr weiche Butter
200 g Weizenmehl Type 405 oder 550
1 Pck. Backpulver
80 g Kokosflocken
350 g entsteinte Sauerkirschen

Zuerst die Milch mit 50 Gramm des Honigs in einem Topf aufkochen, den Milchreis zugeben und unter gelegentlichem Rühren 45 Minuten köcheln lassen.

Den gekochten Milchreis mit einem Schneebesen glatt und geschmeidig rühren und die Eier, die Butter und den restlichen Honig einarbeiten. Mehl und Backpulver gut vermengen und mit den Kokosflocken unter die Reismasse geben.

Eine Springform (Durchmesser 24 Zentimeter) mit Backpapier auslegen und die Reismasse einfüllen. Glatt streichen, die Sauerkirschen daraufgeben und bei 200 °C ca. 50 Minuten im vorgeheizten Backofen backen.

Kreiert wurden diese köstlichen Leckereien von **PIERRE LINGELSER**, Chef-Pâtissier der Traube Tonbach
Hotel Traube Tonbach | Tonbachstraße 237 | 72270 Baiersbronn | www.traube-tonbach.de

Florentiner

Für ca. 50 Florentiner

100 g Butter
100 g Zucker
100 g Honig
50 g Sahne
50 g Zitronat
50 g Orangeat
75 g kandierte rote Kirschen
75 g kandierte Angelika (Engelwurz)
50 g Mehl
60 g Eiweiß
200 g gehobelte Mandeln
Kuvertüre zum Bestreichen

Butter, Zucker, Honig und Sahne »zum Faden« kochen, d.h. die Mischung ist perfekt, wenn ein langer, klebriger Zuckerfaden entsteht, sobald man etwas von der abgekühlten Mischung zwischen Daumen und Zeigefinger zusammendrückt. Die kandierten Früchte klein hacken und mit dem Mehl und dem Eiweiß unter die Honigmischung rühren. Die gehobelten Mandeln zum Schluss langsam hinzufügen.

Die Florentinermasse auf ein mit Backpapier belegtes Backblech streichen. Im vorgeheizten Backofen bei 170 °C ca. 10 Minuten backen. Abkühlen lassen, die flache Seite mit Kuvertüre bestreichen und in Rauten schneiden . Alternativ kann man die Florentiner auch lauwarm vom Blech nehmen und zu kleinen Kugeln rollen.

Dubliner Lebkuchenherzen

Für 20 Herzen

300 g Mehl
50 g gemahlene Mandeln
15 g Lebkuchengewürz
1 EL Kakaopulver
1 TL Backpulver
100 g Zucker
1 Prise Salz
175 g Butter
1 Ei
100 g Honig

Alle trockenen Zutaten gut vermengen. Butter, Ei und Honig dazugeben und zu einem glatten Teig verarbeiten. Diesen Teig 30 Minuten kalt stellen.

Dann ca. 4 Millimeter dick ausrollen und mit einer Plätzchenform Herzen ausstechen. Auf ein beschichtetes Backblech legen und mit Eigelb bestreichen. Im vorgeheizten Backofen bei 170 °C Umluft ca. 12 Minuten backen.

Honigsüße Adressen

APIS E.V.
Verein zur Förderung der Bienenkunde der Landwirtschaftskammer Nordrhein-Westfalen
c/o Landwirtschaftskammer Nordrhein-Westfalen
Geschäftsstelle | Nevinghoff 40 | 48147 Münster |
Tel. 0251/2 37 66 63
www.apis-ev.de

APITHERAPY
Internationale Internetseite zur Apitherapie.
www.apitherapy.com

BEEGOOD
Bienen-Patenschaften übernehmen und so aktiv für eine zukunftsfähige ökologische Bienenhaltung sorgen – das kann man auf dieser tollen Seite. Die adoptierten Bienen werden im Rahmen der Ausbildungs- und Forschungsarbeit von Mellifera e.V. betreut.
www.beegood.de

BEE INFO
Informative Internetseite zur Biologie der Biene und Bienenprodukten.
www.bee-info.de

BIENENKISTE
Anleitung zur Hobbyimkerei und Bau einer Bienenkiste für den eigenen Garten.
www.bienenkiste.de

BIENEN UND IMKEREI
Nützliche Internetseite über Imkerei und Bienen.
www.bienen.de

DEUTSCHER APITHERAPIEBUND
Golddiestelanger 24 | 80937 München | Tel. 089/21 98 10 61
www.apitheraphie.de

DEUTSCHER BERUFS- UND ERWERBS-IMKERBUND E.V.
Hofstattstraße 22a | 86919 Utting | Tel. 08806/92 45 09
www.berufsimker.de

DEUTSCHER IMKERBUND
»Haus des Imkers« | Villiper Hauptstraße 3 |
53343 Wachtberg | Tel. 0228/93 29 20
www.deutscherimkerbund.de

DIE HONIGMACHER
Informationsseite zu Bienen und Imkerei des Vereins zur Förderung der Bienenkunde der Landwirtschaftskammer Nordrhein-Westfalens.
www.die-honigmacher.de

HONIGLAND
Die Internetseite der »Honiggemeinschaft Regionaler Imker«.
www.honigland.org

HONIG-VERBAND

Große Bäckerstraße 4 | 20095 Hamburg | Tel. 040/37 47 1 90
www.honig-verband.de

IMKERBUND.ORG E.V.

Verein für Imker, Naturschützer, Landwirte und
Verbraucher
Fritz-Reuter-Straße 51a | 09423 Gelenau | Tel. 03 72 97/52 49
www.imkerbund.org

LAVES – INSTITUT FÜR BIENENKUNDE

Wissenschaftliche Informationsseite des »Niedersächsischen Landesinstituts für Bienenkunde« in Celle.
www.laves.niedersachsen.de

MELLIFERA E.V.

Vereinigung für wesensgemäße Bienenhaltung
Lehr- und Versuchsimkerei Fischermühle
72346 Rosenfeld | Tel. 07428/9 45 24 90
www.mellifera.de

NETZWERK BLÜHENDE LANDSCHAFT

Informative Seite zu Problemen von Kulturlandschaften
und klugen Lösungen um die Vielfalt zu erhalten bzw. zu
fördern.
www.bluehende-landschaft.de

ÖSTERREICHISCHER IMKERBUND

Georg-Coch-Platz 3/11a | A-1010 Wien |
Tel. +43 (0)1/5 12 54 29
www.imkerbund.at

PRIVATWISSENSCHAFTLICHES ARCHIV BIENENKUNDE

Buchfinkenstraße 2 | 76829 Landau | Tel. 06341/5 14 30
www.bienenarchiv.de

SÜDTIROLER IMKERBUND

Galvanistraße 38 | I–39100 Bozen |
Tel. +39 0471/06 39 90
www.suedtirolerimker.it

SWISSHONEY

Die Internetseite der Schweizer Imkerverbände zu Qualitätshonig und Bienenprodukten aus der Schweiz.
www.swisshoney.ch

VEREIN DEUTSCHSCHWEIZERISCHER UND RÄTOROMANISCHER BIENENFREUNDE

Oberbad 16 | CH-9050 Appenzell |
Tel. +41 (0)71/7 80 10 50
www.bienen.ch

WILDBIENEN

Informationsseite über Wildbienen in Deutschland und
deren Schutz, auch mit Tipps zur Eigeninitiative.
www.wildbienen.de

175

Bienen-Museen

DOMÄNE DAHLEM
Landgut und Museum
Königin-Luise-Straße 49 | 14195 Berlin | Tel. 030/66 63 00-0
www.domaene-dahlem.de

BIENENMUSEUM MÖTHLOW
Altbuschower Straße 2 | 14715 Märkisch Luch OT Möthlow |
Tel. 033876/4 05 64
www.rathenow.de/bienenmuseum-in-moethlow.632.0.html

BIENENMUSEUM UND BIENENWEIDE-GARTEN
Schau-Imkerei
Güstrower Chaussee 38 | 19395 Plau-Quetzin |
Tel. 038735/4 52 25
www.bienen-neumann.de

BIENEN- UND IMKEREIMUSEUM IN SCHLESWIG-HOLSTEIN
Klinkerstr. 82 (alte Schule) | 25436 Moorrege |
Tel. 04122/4 54 54
www.imkerverein-uetersen.de

LEBENDIGES BIENENMUSEUM KNÜLLWALD
Beiseförther Straße 12 | 34593 Knüllwald-Niederbeisheim |
Tel.05685/4 99
www.lebendiges-bienenmuseum.de

BIENENMUSEUM / LEHRIMKERSTAND DUISBURG
Kirchfeldstraße 3 | 47239 Duisburg-Rumeln/
Kaldenhausen | Tel. 0203/35 37 20
www.bienenmuseumduisburg.de

WESTFÄLISCH-NIEDERLÄNDISCHES IMKERMUSEUM
Lindenstraße 2 | 48712 Gescher | Tel. 02542/56 00
www.gescher.de/museen

BIENENMUSEUM IM DIERSBURGER RATHAUS
Talstraße 7 | 77749 Hohberg | Tel. 07808/39 99
www.bienenmuseum.de

BIENENKUNDEMUSEUM
Spielweg | 79244 Münstertal/Schwarzwald |
Tel. 07636/7 07 40
www.bienenkundemuseum.de

ZEIDEL-MUSEUM FEUCHT
Das fränkische Imkerei-Museum
Pfinzingstraße 6 | 90537 Feucht | Tel. 09128/1 21 84
www.zeidel-museum.de

DAS KLEINSTE BIENENMUSEUM DER WELT
Wolfersdorfer Straße 30 | 93499 Zandt | Tel. 09944/5 14
www.bienenmuseum.com

DEUTSCHES BIENENMUSEUM
Ilmstraße 3 | 99425 Weimar | Tel. 03643/90 10 32
www.dbm.lvti.de

Kleine Auswahl an Imkereien

Diese Sammlung an Adressen mit Imkereien aus ganz Deutschland, Österreich und der Schweiz soll Anregung geben und auch Anreiz sein, regionale Imker zu besuchen. Natürlich kann eine Auswahl wie diese nicht vollständig sein. Für ausführlichere Verzeichnisse wenden Sie sich bitte an die zuvor genannten Verbände, Vereine und Organisationen.

Deutschland

IMKEREI BEER
Ligusterweg 2 | 04349 Leipzig | Tel. 03 41 / 9 21 32 02
www.imkerei-beer.de

IMKEREI FALK MEYER
Lessingstraße 35 | 09557 Flöha | Tel. 0174 / 6 07 17 17
www.imkerei-meyer.com

IMKEREI FABIAN LAHRES
Alte Heerstraße 32 | 15345 Garzau-Garzin OT Garzau | Tel. 03 34 35 / 15 65 48
www.imkerei-lahres.de

BIOLAND-IMKEREI
Matthias Wriedt
Zum Ehrenhain 35 | 24211 Schellhorn | Tel. 043 42 / 7 16 40
www.Klosterhonig.de | www.KoeniginvonWaierland.de

DIE IMKERHÜTTE
Eva und Peter Jaspers
Jahnstraße 75 | 22869 Schenefeld | Tel. 040 / 8 30 19
www.imkerhuette.de

WAGOS-IMKEREI HANNOVER
Ralf Wagner, Irena Wagner-Osterloh
Tonstraße 3 | 30449 Hannover | Tel. 0152 0 / 2 66 89 89
www.honig-hannover.de

REGENBOGENHOF MANUFACTUR FÜR EDLES AUS HONIG
Rainer und Heidi Pernotzky
Forellenweg 13 | 33758 Schloß Holte | Tel. 05207 / 77 09 15
www.regenbogenhof.de

BÄRENBERG-IMKEREI
Marion und Henning Jeschke
Hardtstraße 5 | 34466 Wolfhagen | Tel. 05692 / 5560
www.baerenberg-imkerei.de

DEMETER-IMKEREI
Monika & Andy Buddenkotte
Dr. Hans Kluck-Straße 28 | 48231 Warendorf | Tel. 02581 / 7 89 91 11
www.imkerei-buddenkotte.de

IMKEREI HERMES
Alfred Hermes
Rembrandtstraße 20 | 49377 Vechta Langförden | Tel. 04447 / 6 57
www.imkerei-hermes.de

IMKEREI MARIANNE KEHRES
Növerhof 7 | 53804 Much | Tel. 02206 / 8 28 55
www.sommerbluete.de

IMKEREI MICHOL

Gärtnerstraße 5 | 55128 Ingelheim
www.imkerei-michol.de

IMKEREI HAGEMEIER

Jugenheimer Straße 12d | 64673 Zwingenberg |
Tel. 06251/70 38 85
www.honigfreund.de

NATUR-IMKEREI

Otmar Reinheimer
Robert Koch Straße 16 | 65462 Ginsheim-Gustavsburg |
Tel. 06134/54 64 6
www.natur-imkerei.de

IMKEREI BUNSEN

Dr. Jan-Dirk Bunsen
Horterhof 24 | 67699 Horterhof | Tel. 06301/30 06 72
www.imkerei-bunsen.de

BIOLAND-IMKEREI HONIGUNDE

Sabine Schultz
Untergasse 34 | 72116 Öschingen | Tel. 07473/92 08 00
www.honigunde.de

IMKEREI KOCH

Christoph Koch
Karl-Friedrichstraße 15 | 77728 Oppenau | Tel. 07804/35 89
imkerei.koch@t-online.de

CUM NATURA GMBH

Stefan Kumm
Geigersberg 2, Hauptstraße 56b | 77830 Bühlertal |
Tel. 07223/7 55 26
www.cumnatura.de

BIOLAND IMKEREI BARTHUBER

Hartmannsberg 3 | 83093 Bad Endorf | Tel. 08053/79 62 97
www.imkerei-barthuber.de

IMKEREI FEUERSTEIN

Buchenweg 2 | 89275 Elchingen | Tel. 07308/37 44
www.imkerei-feuerstein.de

BIENE & NATUR

Bioland Imkerei Marion Düsel-Gerk
Abtsdorfer Sand 8 | 96158 Frensdorf | Tel. 09502/92 12 65
www.biene-und-natur.de

ÖKOLOGISCHE IMKEREI CHRISTIANE BRAUNS

Koboldstraße 10 | 97355 Wiesenbronn | Tel. 09352/97 96 69
www.honigschaetze.de

SCHLOSSIMKEREI TONNDORF

Das Schloss | 99438 Tonndorf | Tel. 036450/44 68 89
www.schlossimkerei-tonndorf.de

Österreich

IMKEREI SIMETZBERGER
Christian Simetzberger
Gedenweg 5 | A-3660 Klein-Pöchlarn
www.honig-simetz.de

PEGS HONIG
Ruth und Peter Gspan
Birkenbergstrasse 4 | A-6410 Telfs / Tirol
www.telfs.com/imker

ALMENLAND-IMKEREI
Karl Kreiner
Am Lindenberg | A-8162 Passail 314 |
Tel. +43 (0)3179 / 2 37 88
www.imker.at

Schweiz

IMKEREI SOLAND
DIE BIENENZÜCHTEREI
Reto und Gabriele Soland
Gaicht 19 | CH-2513 Twann | Tel. +41 (0)32 / 3 33 32 22
www.honigbiene.ch

IMKERHOF CHUR
Silvio Hitz
Oberalpstraße 32 | CH-7000 Chur | Tel. +41 (0)81 / 2 84 66 77
www.imkerhof.ch

IMKEREI ANNEMARIE
UND ERNST SPREITZER
Untergasse 44 | CH-7247 Saas i. P. | Tel. +41 (0)81 / 3 32 30 79
www.honig-imkerei.ch

IMKEREI ANDREA GROLL
Riedstraße 21a | CH-9050 Appenzell |
Tel. +41 (0)71 / 7 88 06 30
www.appenzellerbienenhonig.ch

Bezugsquellen für Honige aus aller Welt

www.arktischer-honig.com

www.gepa.de

www.honig-genuss.de

www.honigfee.de

www.honighaeusel.de

www.honigimport.de

180

Lexikon

APITHERAPIE Heilmethode, bei der Bienenprodukte zur Vorbeugung, Heilung oder Genesung eingesetzt werden.

ARBEITERINNEN Weibliche Bienen, die verschiedene Arbeitsaufgaben innerhalb und außerhalb des Stockes übernehmen.

BIENENKÖNIGIN Jedes Bienenvolk hat nur eine Königin. Sie wird größer und älter als die anderen Bienen und legt bis zu 2000 Eier am Tag.

BLÜTENHONIG Aus Blütennektar erzeugter Honig.

BLÜTENSTAUB Auch Pollen genannt. Männliche Keimzellen der Blütenpflanze mit hohem Nährstoffgehalt und Heilwirkung.

BLÜTENSTETIGKEIT So nennt man die Eigenschaft der Bienen, immer wieder an Orte zurückzukehren, wo sie schon einmal Futter gefunden haben, und immer wieder die gleichen Blüten zu wählen.

DROHNEN Männliche Bienen, deren einzige Aufgabe die Begattung der Königin ist.

DROHNENSCHLACHT Mitte Juli vertreiben die Arbeiterinnen Drohnen, die während des Hochzeitsfluges nicht zur Paarung kamen, aus dem Stock, sodass sie verhungern.

ENTDECKELUNGSGABEL Spezialgerät der Imker, um die Waben von ihren Wachsdeckeln zu befreien.

ENZYME Bienen reichern Honig und Bienenprodukte mit ihren körpereigenen Enzymen an, die zur Heilwirkung dieser Produkte beitragen.

FLAVONOIDE Sekundäre Pflanzenstoffe, die in Honig und Bienenprodukten enthalten sind und entzündungshemmend wirken.

GELÉE ROYALE Futter der Königin, das Ammenbienen mit einer Drüse am Oberkiefer produzieren.

GLUKOSE Traubenzucker

HOCHZEITSFLUG Tag, an dem sich die Königin mit mehren Drohnen paart; diese sterben danach.

HONIGBLASE Auch Honigmagen genannt. Sammlerinnen tragen darin den Nektar zum Stock.

HONIGMAGEN Auch Honigblase genannt. Sammlerinnen tragen darin den Nektar zum Stock.

HONIGSCHLEUDER Der Honig wird mithilfe der Zentrifugalkraft aus den Waben geschleudert.

HONIGTAUHONIG Honig, den die Bienen aus den zuckerhaltigen Ausscheidungen pflanzensaugender Insekten gewinnen.

IMME Veraltete Bezeichnung für Biene aus dem Mittelhochdeutschen.

KITTHARZ Auch Propolis genannt. Das Kitzharz der Bienen ist, zum Beispiel als Tinktur oder Bestandteil von Salben, für den Menschen als Heilmittel nutzbar.

KLOTZBEUTEN Abschnitte von Holzstämmen, in deren Hohlräumen Bienen einquartiert wurden, die in direkter Nachbarschaft zu Menschen lebten.

KRISTALLISATION Verfestigung des Honigs. Wenn Honig kristallisiert, wird er fester und heller. Die Kristallisation ist ein natürlicher Vorgang und zeigt an, dass es sich um ein Naturprodukt handelt.

LANDSCHAFTSHONIG Auch Terroir-Honig genannt. Der Nektar für diesen Honig wurde von den Bienen aus der bunt gemischten Pflanzenvielfalt einer Landschaft zusammengestellt.

MAGAZINE Übereinandergestapelte Holzkisten, die von Imkern als Bienenbehausung verwendet werden.

MISCHHONIG Aus verschiedenen Pflanzenarten gewonnener Honig, für den sich das Bienenvolk zum Beispiel an den unterschiedlichen Pflanzen einer bunt gemischten Wiese bedient.

NACHTÄNZERINNEN Sammlerinnen, die mit den Fühlern Kontakt zu einer erfolgreichen Kollegin aufnehmen, um ihren Tanz nachzuvollziehen. So teilt die Tänzerin den anderen Bienen mit, wo Nahrung zu finden ist.

POLLEN Auch Blütenstaub genannt. Männliche Keimzellen der Blütenpflanze mit hohem Nährstoffgehalt und ausgezeichneter Heilwirkung.

POLLENHÖSCHEN Bienen tragen den Blütenstaub an ihren Hinterbeinen.

PROPOLIS Kitzharz der Bienen, das zum Beispiel als Tinktur oder Bestandteil von Salben für den Menschen als Heilmittel nutzbar ist.

SAMMLERINNEN Weibliche Bienen, die Nektar, Honigtau, Pollen, Kitzharz und Wasser sammeln.

SCHEIBENHONIG Auch Wabenhonig genannt. Stücke von frisch gebauten und verdeckelten Honigwaben, die zum Verzehr in den Verkauf kommen.

SORTENHONIG Vorwiegend aus dem Nektar einer Pflanzenart gewonnener Honig, zum Beispiel Lindenblütenhonig.

TERROIR-HONIG Auch Landschaftshonig genannt. Der Nektar wurde von den Bienen aus der bunt gemischten Pflanzenvielfalt einer Landschaft zusammengestellt.

TRACHT Als Tracht bezeichnet der Imker das gesamte Angebot an Pollen, Nektar und Honigtau, das seinem Bienenvolk zur Verfügung steht.

WABENHONIG Auch Scheibenhonig genannt. Stücke von frisch gebauten und verdeckelten Honigwaben, die zum Verzehr in den Verkauf kommen.

WINTERBIENEN Langlebige Arbeiterinnen, die im September geboren werden und deren Aufgabe es ist, der Königin beim Überwintern zu helfen.

WINTERTRAUBE Winterbienen bilden während des Winters eine schützende Traube um die Königin, sodass sie gewärmt wird.

ZEIDLER Vorläufer des heutigen Imkers im gesamten Mittelalter bis ins 17. Jh.

Register

184

Rezeptverzeichnis

Bildnachweis

akg-images

Auf den Seiten 46 unten rechts & 46/47 unten (© akg-images/ RIA Nowosti).

Björn Kray Iversen, Albersweiler

Auf der Seite 170.

Breitsamer Honig, München

Auf den Seiten 82, 83, 84, 85 und 103 oben rechts.

Christiane Brauns, Wiesenbronn

Auf der Seite 81.

Die Basis, Wiesbaden

Auf den Seiten 6, 7 unten, 9 rechts, 11, 12 rechts, 13 oben, 15 oben, 22 oben links & Mitte, 29, 33, 35 rechts, 40, 41, 42 oben, 44 oben & Mitte links, 66/67, 70, 86, 87, 111, 114, 120, 121, 122, 123, 124, 125 Mitte & rechts, 126, 130, 141 oben, 143 links sowie alle Illustrationen, Collagen und freien Elemente.

Directmedia, 5555 Meisterwerke

Auf den Seiten 6, 25 links, 26 links und 72 oben.

Fotolia

Auf den Seiten 1 unten links & 2 unten links & 16/17 oben & 45 unten & 59 oben & 172 unten & 192 unten (© Creative images), 3 oben links & 45 Mitte rechts & 173 oben (© alle), 5 oben links (© Maroš Markovič, 5 oben Mitte (© Arnd Hertel), 5 oben rechts (© David Reiner), 7 oben (© fotografische.eu), 8 links (© Vladislav Gajic), 8 rechts (© Baloncici), 10 & 34 rechts (© Peter Scherer), 14 rechts (© Tamasz Szymanski), 15 links (© Olga Langerova), 17 rechts (© Harald Bolten), 18 (© Alexander Mandl), 19 (© Jose Ignacio Soto), 22 oben rechts (© Christian Stoll), 25 rechts (© sergey titov), 26 rechts (© emmi), 32 links Mitte & 35 Mitte rechts & 39 oben links & 190/191 oben (© Olga Rut'Ko), 32 unten (© danielschoenen), 34 links (© The physicist), 35 links (© Reinhold Stansich), 37 links (© Bernhard 63), 38 oben (© Tomo Jesenicnik), 38 unten (© ivan kmit), 42 unten (© John Wynn), 44 Mitte links (© Fabrizio Zanier), 45 unten rechts (© Magdalena Žurawska), 46 oben links (© Zoltán Futó), 46 oben rechts (© Birgit Kutzera), 47 (© Dave Massey), 48 oben (© Hubert Isselée), 48 unten (© pascal cribier), 49 links & 53 rechts (© claudio calcagno), 50 links (© Arcyd), 50/51 (© Val Thoermer), 51 rechts (© Rémy MASSEGLIA), 52 (© Erica), 53 links (© carterphoto), 54 links (© Supertrooper), 54 links 2. (© Vitaly Krivosheev), 54 links 3. (© Florian Hiltmair), 54 rechts 3. (© egal), 54 rechts 2. (© Anatoly Samara), 54 rechts (© Bojan Pavlukovic), 56/57 (© Fyle), 58 links (© Matevz Likar), 58 Mitte & 183 (© emer), 58/59 unten (© Jaroslav Nemec), 59 Mitte (© Alessio Cola), 61 links (© Daniel P. Martin), 61 rechts (© sonne Fleckl), 62 links & 106 rechts (© Martina Berg), 62 rechts oben (© Martin), 62 rechts Mitte (© Patrick Bonnor), 62 rechts unten (© AGITA LEIMANE), 64 (© derGrafiker.de), 65 unten (© Andreas Böhm), 72/73 (© Blue-Fox), 89 (© thomas.andri), 90 Mitte (© Christian Jung), 91 oben links (© Thomas Stüber), 94 oben & 95 oben & 176 oben Mitte (© Elena Kalistratova), 94 & 178 rechts (© Johann Piber), 95 unten (© Apeska), 96 rechts (© Nikola Bilic), 102 & 133 (© Monika Adamczyk), 103 oben links (© Balin), 103 unten (© Ella), 104 links (© Anna Khomulo), 104 Mitte (© Elenathewise), 104 rechts (© pgm), 105 (© quayside), 106 links (© Rolf Klebsattel), 107 oben (© mikey), 107 unten (© Peter Vogel), 108 oben links (© Mario), 108 unten (© Objectsforall), 109 (© romy mitterlechner), 112 links oben (© Indigo), 112 links unten (© sims975), 112 rechts (© Rafa

Danksagung

Für die freundliche und großzügige Unterstützung bei der Realisierung unseres Projektes möchten wir uns bei unseren Partnern herzlich bedanken:

Bei der Firma Breitsamer Honig für die fachliche Beratung und Unterstützung in Sachen Honigproduktion und -verarbeitung.

Breitsamer Honig
Berger-Kreuz-Str. 28
81735 München
www.breitsamer.de

Bei der Imkerin Marianne Kehres, die der Autorin mit großer Kompetenz und viel Engagement bei Fragen rund um den Honig zur Seite stand. Auch für die enge Zusammenarbeit beim Text »Honig im Wandel der Jahreszeit« und die Überlassung vieler schöner Bienen- und Imkereifotos möchten wir uns herzlich bedanken.

Marianne Kehres
Növerhof 7
53804 Much
www.sommerbluete.de

Bei den Köchen Jörg Michael, Holger Zurbrüggen, Michael Kempf und Matthias Buchholz sowie dem Barchef Pino Trisolino, dem Pâtissier Pierre Lingelser und dem Bäcker Arnd Erbel für die freundliche Bereitstellung der Rezepte auf den Seiten 146 bis 171.

Jörg Michael und Pino Trisolino
Maritim Hotel München
Goethestr. 7
80336 München
www.maritim.de

Holger Zurbrüggen
Restaurant Balthazar
Kurfürstendamm 160
10709 Berlin
www.balthazar-restaurant.de

Michael Kempf
Restaurant Facil
The Mandala Hotel
Potsdamer Str. 3
10785 Berlin
www.facil.de

Matthias Buchholz
Hotel Palace Berlin
Budapester Str. 45
10787 Berlin
www.palace.de

Pierre Lingelser
Hotel Traube Tonbach
Tonbachstr. 237
72270 Baiersbronn
www.traube-tonbach.de

Arnd Erbel
Bäckerei Erbel
Hindenburgplatz 1
91462 Dachsbach
www.erbelbrot.de

Beim Honig-Verband e. V. aus Hamburg für die Bereitstellung der Rezepte mit dem dazugehörigen Rezeptbild auf den Seiten 147, 148, 150, 152, 158, 160, 162, 163 und 164 sowie vielen wunderschönen Fotografien, die das Buch ungemein bereichern.

Honig-Verband e. V.
Große Bäckerstr. 4
20095 Hamburg
www.honig-verband.de

Impressum

© 2009 Neuer Umschau Buchverlag GmbH, Neustadt an der Weinstraße

*Alle Rechte der Verbreitung in deutscher Sprache, auch durch Film, Funk, Fernsehen,
fotomechanische Wiedergabe, Tonträger jeder Art, auszugsweiser Nachdruck
oder Einspeicherung und Rückgewinnung in Datenverarbeitungsanlagen aller Art,
sind vorbehalten.*

Lektorat
Vanessa Herzog, Neustadt an der Weinstraße

Herstellung
Janine Becker, Neustadt an der Weinstraße

Bildredaktion
Stefanie Simon, Neustadt an der Weinstraße

Gestaltung und Satz
die Basis – Kommunikation, Ideenwerk und Design, Wiesbaden

Lithografie
2PLUSagentur GmbH, Viernheim

Druck
Druckkollektiv GmbH, Gießen

Printed in Germany
ISBN 978-3-86528-673-4

Besuchen Sie uns im Internet
www.umschau-buchverlag.de